땀을 흘려라、 피를 흘려라、 눈물을 흘려라

일러두기

1. 이 책에 사용한 사진 자료들은 저자가 직접 촬영한 것을 비롯해 공주고등학교, 국립공주대학교 공주학연구원, 충청남도역사문화연구원, 한국여성독립운동연구소 등의 소장자료를 허락을 얻어 게재하였습니다.
2. 본문 중 일제강점기의 신문 기사는 내용 전달이 가능한 수준에서 최소한의 수정 작업을 거쳤습니다.

땀을 흘려라、 피를 흘려라、 눈물을 흘려라

공주고보 독립운동 이야기

김정섭 지음

메디치

2부 식민지 차별 교육과 학생들의 저항

거듭된 맹휴, 역사의 물결로 흐르다

3부 반제 격문 사건과 비밀결사
교실 담장을 넘어 대중 속으로

4부 전시 동원체제와 수난의 역사
어둠이 깊을수록 빛나는 의지

"형무소는 자유와 정의를 얻은 자들의 수문이다"

인상적인 말입니다. "형무소는 자유와 정의를 얻은 자들의 수문이다." 이 문구는 일제강점기인 1932년 몇 명의 공주고보 학생들이 만들어 배포한 격문의 한 대목입니다. 먼저 깨어 일어난 그들이 다른 동료 학생들을 항일 독립운동에 불러일으키고자 쓴 격정적인 표현입니다.

일제강점기 우리 민족은 엄청난 고초를 겪었습니다. 우리나라 5천년 역사에서 가장 암흑기라고 할 수 있을 정도로 일본 제국주의는 우리 민족을 압제했습니다. 이 책은 그런 엄혹한 시대적 상황 속에서도 목숨을 걸고 독립운동을 하신 분들을 기억하고자 하는 마음에서 출발하였습니다.

이 책은 일제강점기 당시의 공주와 공주고등학교의 역사를 다룹니다. 먼저 공주고등학교의 전신인 공주고보의 설립 과정을 소개하고, 이후 변화하는 시대적 분위기 속에서도 계속되었던 당시 공주고보 청년학생들의 자각과 항일의 궤적을 소개합니다.

1922년에 이른바 근대식 학문을 배우고 가르치는 인문계 고등보통학교로 설립된 공주고보는 공주를 비롯해 충남의 각지, 심지어 충남 바깥에서까지 전국의 인재들이 모인 교육기관이었습니다. 공주고보 학생들은 어떻게 보면 선택받은 신분이었고, 이후로도 어느 정도 선택받은 신분으로 살 가능성이 있었습니다. 식민지 조선에서 공주고보는 식민지 경영체제에 써먹을 수 있는 인적 자원을 길러내는 데 주력했습니다.

하지만 바늘구멍 같은 기회를 얻은 조선의 엘리트들은 그 보장된 미래에 마냥 순응하지만은 않았습니다. 식민지 교육기관의 위세가 등등했지만, 참혹한 현실에 눈뜨고 그에 저항하려는 민족정신의 자각이 계속 이어졌습니다. 교육 현장에서 자행되는 민족 차별에 항의하고, 식민통치의 부당함을 고발하는 목소리를 낸 학생들은 구타와 퇴학, 심지어 체포되고 고문 받고 감옥행이 예정된 것을 알면서도 용감하게 떨치고 일어났습니다.

독립과 해방, 광복은 누군가 우리에게 그냥 공짜로 선물한 것이 아닙니다. 통감부 5년, 식민지 35년의 40년 동안 우리 민족이 일본에 동화되지 않고 마침내 해방을 이

뤄낸 것은 이렇게 식민지 현실에 분연히 맞선 이들의 분투가 있었던 덕분입니다.

그래서 저는 일제에 순응하지 않고 일어섰던 공주고보 선배들의 고난에 찬 이야기를 찾아내고 알리는 일을 하고자 합니다. 목숨까지 위협당하는 극악한 폭력 앞에서도 우리 민족의 살길을 찾기 위해 고난을 감수했던 그분들을 기억하고 후대에 다시 전해야 하기 때문입니다.

하지만 의욕이 넘치는데도 불구하고 저의 능력이 충분하지 못함을 솔직히 말씀드립니다. 무엇보다 당시 독립운동 관련 자료가 충분치 않은 것이 사실입니다. 그래서 이 책은 지금까지 독립운동사를 연구한 분들의 자료나 국가기관의 자료를 인용해서 꿰맞춘 것에 불과합니다. 더 많은 조사와 확인과 증언이 필요합니다. 그래도 다행히 공주고등학교에 전해오는 자료와 국립공주대학교 공주학연구원, 충청남도역사문화연구원, 공주문화원, 그리고 한국여성독립운동연구소와 민족문제연구소 등의 자료를 바탕으로 어느 정도 뼈대를 세우고 내용을 채울 수 있었습니다.

이 책은 출간으로 끝나는 게 아니라 과거를 제대로 기억하고 복원하기 위한 긴 걸음의 시작입니다. 앞으로 계속 보완하고 수정하는 과정을 거치며 진실을 찾아나가겠습니다. 그 과정에서 특히 국가유공자로 당당히 명예를 찾아드려야 할 분들의 존재를 확인해 알리고 제대로 대접받을 수 있도록 하겠습니다.

일제의 압제와 식민지 교육에 항거했다가 학교에서 퇴학을 당하거나, 일제 경찰의 조사를 받거나, 혹은 일제 검찰에 기소되어 재판까지 받았던 분들이 많음에도 국가유공자로 정당한 대우를 받지 못하고 있습니다. 이런 분들의 존재가 못내 눈에 밟힙니다. 공주고보에만도 이런 분들이 최소 20여 명에 이릅니다. 앞으로 우리가 할 일이 많다는 뜻입니다.

이 책을 계기로 우리가 그동안 찾지 못했던, 혹은 못 본 척했던 공주의 역사가 조금이라도 채워졌으면 합니다. 이 책이 그 과정에서 벽돌 한 장의 역할이라도 할 수 있기를 바랍니다. 책을 준비하고 만드는 과정에서 많은 분들로부터 유형무형으로 도움을 받았습니다. 그 도움으로 책의 실마리와 얼개, 그리고 깊이가 가능했습니다. 하지만 이 책에 오류나 허물이 있다면 그것은 모두 저의 책임입니다. 앞으로 계속 고쳐 쓰고 실천으로 보답하겠습니다. 깊이 감사드립니다.

1926년 공주지역 동맹휴학이 일어난 지
100년을 맞는 2026년 1월
김정섭 올림

공주고보는 식민지 교육의 장치로 시작했지만, 설립의 첫 힘은 십시일반 충남의 마음들이 보여준 '민족의 힘'이었다. 그 역설의 출발점에서 교정은 이미 항일의 미래를 품기 시작했다.

1부

공주고등보통학교의 설립

민족의 열망으로 세운 배움터

1895년(고종 32) 갑오개혁 이후 전국의 팔도제가 폐지되었다. 1896년 충청도가 충청남도와 충청북도로 분리되면서 충청도의 도청 소재지였던 공주는 충청남도의 도청 소재지로서 대한제국 마지막 시기를 보내고 일제강점기를 맞았다. 그후로도 행정과 교통의 요지로 성장하며 교육·문화의 중심지로서 공주의 역할은 계속되었다.

1910년 한일 강제병합 이후 일제의 '무단통치(武斷統治)'는 조선인을 철저히 억눌렀다. 그러나 1919년 3·1운동의 거센 물결에 놀란 일본은 식민지 통치방식에 변화를 줘 '문화통치'로 방향을 틀었다. 제한적으로 언론·출판의 자유가 허용됐고, 조선인에게도 보통교육을 넘어 인문계 중등교육을 허용하기 시작했다. 식민지 지배를 위해 필요한 최소한의 인적 자원을 길러내는 것이 목적이었다. 당시 충남에는 조선인을 위한 중등학교가 아직 세워지지 않았다. 1918년 대전군에 대전중학교가 설립되었는데, 이는 일본인 학생을 위한 '관립' 학교였다.

공주고등보통학교는 유치 과정부터 지역사회의 큰 관심과 논쟁을 불러일으켰다. 1920년대에 일제는 이른바 문화통치의 한 축으로 전국 주요 도시에 고등보통학교를 설립했는데, 이에 따라 1921년부터 충남도 내에서는 공주와 홍성, 천안, 조치원 등이 고등보통학교 유치를 놓고 치열하게 경쟁했다. 역사적으로 충남을 대표하는 양대 도시 공주와 홍성이 자존심을 건 대결을 벌이는 가운데, 교통상의 편의를 들어 천안을 주장하는 목소리도 전국적으로 힘을 얻었다.

아래 기사는 1921년 10월 4일과 5일 이틀에 걸쳐 똑같은 내용으로 소개된 기사로 충남도 내부가 아닌 경성(서울)과 총독부의 관점에서 천안이 더 매력적인 후보지였음을 짐작할 수 있게 한다. 이후 여러 차례의 회의 등에서 홍성이 더 많은 표를 얻었으나 결국 고등보통학교의 최종 입지는 공주로 정해졌다. 이는 호서의 수부도시로서 공주의 우위에 도청 소재지라는 당대의 장점이 결합된 결과로 짐작된다.

고보 위치 결정

9월 30일, 충남고등보통학교 기성동맹총회를 충남도청 내에서 개최하였는데, 천안군의 대표 5명도 출석하였다. 오전

9시부터 도지사의 사회하에 난상 협의한 결과 그 위치를 최우선으로 결정하는 것이 좋다고 해서 투표를 행한 바 홍성이 5표, 천안이 3표, 공주가 2표였다. 그런데 홍성은 천안보다 2표가 많았으나 교통의 관계로 전 충남도 학생이 원만히 통학하기 어려운 것이 사실이다. 당국에서도 적당하다고 생각하지 않는 동시에 천안은 삼남의 급소에 해당하는 곳이며, 전 조선의 긴요하고 중요한 도시다. 또한 예전 백제의 고도로 명승고적이 많음은 일반이 인지하는 바이며, 과거 청일전쟁에서 대승을 거둔 기념지로서 당국에서는 전력을 다하여 천안의 발전을 계획중이니 그 위치의 적당함은 다시 말할 필요가 없다. 교통상으로 이야기해도 경남선(京南線) 본사 소재지인 까닭에 경남선이 여기에서 출발해 충남도의 서남부를 관통하여 군산항에 도착하고, 또한 경부선이 이곳을 통과하여 북으로 경기도를 접하고 남으로 충남도의 동부와 충북도 서부, 또 경상북도에 이르며, 이의 지선인 호남선이 대전에 접속되니 충남도 학생은 물론이요 경기, 충북, 전북, 경북 등 각 도 학생의 승차 통학이 편리할 것이다. 다른 지역에 위치를 정하면 편중되고 불편할 것으로 통학학생으로 하여금 곤란한 감이 있어 좋지 못하니 제일 적당한 곳으로 인정할 장소는 천안이 되겠다 하여, 만장일치로 결의한 후 오후 9시에 모임을 파했다더라.

—1921년 10월 4일, 동아일보

민족의 힘으로 세운 '공주고보'

1921년, 충청남도는 도내 유지 50여 명을 모아 충남지역에 공립고등보통학교를 설립하기 위한 발기인회를 개최하였다. 당시 총독부는 "학교 설치비의 반은 충남의 각 군이 비례하여 부담하고, 나머지는 설치되는 지역이 부담한다"는 원칙을 세웠다.

공주 군민들은 자발적으로 성금을 모으고 대대적인 고보 유치운동에 들어갔다. 충남 각지, 특히 공주의 유지와 독지가들이 십시일반으로 모은 기부금 10만 원이 공주고보 설립의 첫 재원이 되었다. 이 과정에서 공주의 대표적 부호로 꼽히는 김윤환(金閏煥, 1870-1936)이 1만 4,500원을 기부하였다. 도는 주요 유지들에게 5천 원씩 부담할 것을 종용했는데, 김윤환이 요구받은 것의 세 배 가까이 될 정도로 훨씬 더 많은 자금을 내놓은 것이다. 당시 30평짜리 도청 청사를 짓는데 3천 원 정도가 소요되었다고 하니 돈의 규모를 짐작할 수 있다.

1922년, 조선총독부의 새로운 교육령에 따라 고등보통학교가 4년제에서 5년제로 개편되었다. 그해 4월 22일 드디어 공주고등보통학교 설립이 인가되면서 충남지역의 조선인 청소년들에게 처음으로 중등교육의 문이 열렸다. 공주는 충청남도의 행정 중심지에 더해 지역의 중등교육을 대표하는 중심 도시로 부상했다.

1911년 한일합방 1주년에 일장기가 내걸린 충남도청 정문. 1927년에 문루를 옮기고 돌기둥 정문으로 바꿨다.

이전에 관립(국립) 고등보통학교가 있던 도시는 경성, 평양, 대구, 함흥, 전주 등 5곳이었다. 이어 공립(도립)으로 1921년에 경성제2, 신의주 고보가 설립되고, 1922년에 공주를 비롯해 광주, 동래, 경성(함경도), 해주 등에 5개교가 설립되었다. 1924~25년에는 청주, 춘천, 진주에도 고보가 설립되었다.

공주고보 설립을 가능케 한 문화통치

3·1운동 이후 일제는 '문화통치'라 부르는 새로운 통치 방식을 내세웠다. 변화가 있던 것은 사실이지만 실체는 문

화라는 이름으로 포장한 고도의 기만적 정책이었다. 일제는 이 시기 헌병경찰제를 폐지하고 보통경찰제로 전환했다고 선전했지만, 오히려 경찰 병력을 대폭 증강해 일상생활 전반을 더욱 촘촘하게 통제하였다.

3·1운동 직후인 1919년 9월, 사이토 마코토가 3대 조선 총독으로 부임했다. 일제는 조선 총독에 군인을 임명해오다 이를 대신해 문관을 임명하겠다고 내세웠는데, 사이토는 해군 대장으로 예편한 인물로 허울만 민간인이었다. 9월 2일 그는 경성의 남대문역에 도착하자마자 강우규(1855-1920) 의사에게 폭탄 세례를 받았다. 이 사건으로 일본인 기자와 경찰 등 3명이 사망하고, 37명이 중경상을 입었다.

이른바 문화통치의 핵심은 친일세력 육성 정책이었다. 친일 인사를 조직적으로 양성해 친일 여론을 조성하고, 각종 친일 단체를 만들어 독립운동가를 감시·적발하며 분열 공작을 벌였다. 자본가나 지주 등 지배층에만 국한하지 않고 유생 등 사회의 중간층까지 회유의 대상으로 삼았다. 반면 식민지배에 저항하는 세력에 대해서는 경찰력과 치안유지법을 앞세워 철저히 탄압했다.

일제는 '일시동인(一視同仁)'이라는 그럴듯한 구호도 내걸었다. '모든 사람을 차별 없이 대한다'는 의미였지만, 이는 허울뿐이었다. 식민정책의 실제 목표는 조선을 일본의 내지, 즉 혼슈·시코쿠·규슈와 같은 하나의 지방으로 편입시키는 것이었다. 그러나 동등한 대우는 존재하지 않았다. 일제는 식민지 전 기간에 걸쳐 '조선인은 민도가 낮고 열등하다'는 논리를 앞세워 차별을 정당화했고, 이러한 인식은 각종 제도와 법률로 구체화되었다.

차별은 특히 교육 분야에서 뚜렷했다. '조선교육령'에 따라 일본과는 다른 학제를 적용했고, 조선인 대학 설립은 불가능하다는 이유로 조선에서는 1922년까지 대학령을 시행하지 않았다. 관립으로 경성제국대학을 세운 것은 1924년의 일이었다.

반면 식민통치에 필요하다고 판단될 경우에는 일본과 거의 동시에 제도를 적용했다. 대표적인 사례가 바로 '치안유지법'이다. 일본에서는 사회주의 운동 탄압을 목적으로 했던 이 법을, 조선에서는 항일 독립운동을 탄압하는 핵심 수단으로 악용하였다.

그래도 약간의 유화 정책이 있던 것도 사실이어서, 문화통치기에는 조선인이 발행하는 일간신문인 '동아일보'와 '조선일보', 그리고 《창조》, 《폐허》, 《백조》 같은 잡지 발간이 허용되었다. 한편 조선인에게도 참정권이나 자치권을 부여할 것처럼 선전하였으나, 자치권은 일본이 패망할 때까지 단 한 번도 시행되지 않았다.

일제 통치의 시기별 특징

무단통치와 문화통치는 모두 조선에 대한 일본의 식민지 통치 방식을 부르는 말이다. 일제강점기 35년(1910-1945)은 대략 세 시기로 구분할 수 있고, 각 시기에 통치 방식의 변화가 있었다. 교육 관련 정책을 비롯해 여러 정책의 변화는 이 시기별 특징에 따라 이해할 수 있다.

첫 시기는 '무단통치기'로 1910년부터 3·1운동이 일어난 1919년까지를 일컫는다. 무력을 동원하여 강압통치하던 시기라 그만큼 항일운동이 일어나기 어려웠다. 먼저 조선총독부가 설치되었다. 총독부는 일본 천황 직속의 최고 통치 기구로, 육·해군 대장 출신이 총독으로 임명되었다. 총독은 입법, 행정, 사법뿐만 아니라 군대 지휘권까지 절대적인 권력을 행사했다.

무단통치기의 가장 큰 특징으로 '헌병 경찰' 제도를 들 수 있다. 군대에서 치안을 담당하는 '헌병'이 일반 국민의 치안까지 맡았다. 이들은 반일 활동뿐 아니라 첩보 수집, 언론 단속, 호적 사무 등 일상의 모든 영역을 감시했다.

또한 언론, 출판, 집회, 결사의 자유가 완전히 금지되는 등 기본권이 박탈되었다. 민족 신문들이 강제로 폐간되고 민족적인 활동을 하던 단체들도 해산당했다. 전 사회적으로 공포 분위기가 조성되어서, 일반 관리와 학교 교사들까지 제복을 입고 칼을 찬 채 수업을 진행하여 일상 속에서 공포를 심어주었다.

1910~1918년부터 시행된 '토지 조사 사업'은 무단통치기의 경제적 수탈을 상징한다. 일제는 근대적인 토지 소유권을 확립한다는 명분을 내세웠으나, 실제로는 복잡한 신고 절차를 이용해 많은 땅을 빼앗았다. 소유권이 불분명한 국유지나 문중 땅 등이 대거 동양척식주식회사와 일본인에게 넘어갔으며, 이 과정에서 많은 농민이 소작농으로 전락했다. 한편 1910년 발표된 '회사령'은 조선인이 회사를 설립할 때 총독의 허가를 받도록 하여 우리 민족의 자본 성장을 억제하고 일본 기업의 진출을 도왔다.

두 번째 시기인 '문화통치기'는 대체로 1920년대와 일치한다. 상대적으로 유화 국면이 전개된 시기로, 3·1운동의 열기에 놀란 일제는 조선인 상층부에 떡고물을 던져주며 자기 편으로 끌어들이고자 했다. 겉모습만의 변화였지만 통치 방식의 변화는 여지를 만들었다. 문관 총독 임명을 내걸었고(하지만 앞서 본 사이토 마코토의 경우처럼 퇴역한 장군들이 임명되는 등 실제 문관 총독은 단 한 명도 임명되지 않았다), 헌병 대신 보통 경찰제가 도입되었다. 또한 제한된 범위에서 언론, 출판, 집회, 결사의 자유를 풀어주었다. 이를 통해 노골적으로 '독립'을 말하지 못하더라도 탈정치적인 항일의 목소리를 어느 정도 낼 수 있게 되었다.

제한된 공간에서 선각자들은 독립의 의지를 심어나갔

다. 특히 3·1운동의 한계를 자각한 인사들은 새로운 사상과 체계적 조직을 통해 더욱 강력한 항일운동을 전개했다. 대표적인 것이 사회주의계열 민족주의자들의 항일운동이었다. 한편에서는 이때 일제의 회유에 많은 지식인들이 넘어가기도 했다.

마지막으로 '민족말살기'이다. 일본이 연속적으로 전쟁에 뛰어든 1930년대부터 1945년 패망할 때까지의 시기다. 먼저 1929년 세계적으로 경제 대공황이 닥쳐오면서 일제는 유화 제스처를 거둬들였다. 그들은 전쟁을 통해 상황을 타개하고자 했다. 1931년에는 만주사변을 일으켰고, 1937년에는 더욱 확대하여 중·일전쟁을, 1941년에는 태평양전쟁을 일으켰다.

중국과 미국, 두 대국을 상대로 전선을 넓히고 전쟁의 강도가 세지면서 군인도 물자도 부족해졌다. 일제는 식민지 조선을 이용해 문제를 해결했다. 한반도의 물자와 인력을 죄다 끌어가기 위해 국가총동원법을 시행했다. 일본 천황을 위해 목숨 바쳐 싸우게 하기 위해서는 조선인의 머리에 '나는 일본 신민이다'라는 의식을 집어넣어야 했다. 그래서 1930년대부터 민족말살정책이 본격화해 신사참배나 창씨개명 그리고 징병과 징용, 위안부 강제동원이 자행되었다.

첫 입학시험과 개교

공주고등보통학교가 개교한 것은 문화통치가 시작되고 얼마 지나지 않아서의 일이었다. 1922년 4월 25일, 공주고보의 첫 입학시험이 공주공립보통학교(현재의 중동초등학교) 교실을 빌려 4일간 치러졌다. 시험 과목은 국어(일어), 산술, 역사, 신체검사, 면접 등이었다. 정원 100명 모집에 각지에서 지원자가 몰려 두 배 가까운 경쟁률을 기록했다.

학교는 4월 22일에 설립 인가가 났는데, 부지도 교사(校舍)도 없는 상태였다. 공주공립보통학교 교실을 임시로 빌려 수업이 시작됐다. 고보생들이 수업을 받던 공주객사 정문에 '공주고등보통학교'라는 교명비가 걸렸다. 5월 11일 첫 수업을 개시하여 이 날이 개교기념일이 되었다.

충남 고보, 사범 개교기일 및 상황

이번 봄 신설된 공주공립고등학교는 일반 생도를 모집하는 중인 바, 정원 100명에 대하여 응모자 190명에 달하였다. 입학시험은 4월 25일부터 28일까지 나흘간 공주보통학교 내에서 시행하였다. 또한 충청남도사범학교도 고등보통학교와 동시에 허가되었는데, 사범학교는 특과 및 강습과의 두 과에 나눠 고등보통학교와 마찬가지로 입학시험을 집행하였다. 사범학교는 특과생 정원 50명에 대해 240명, 강습과생 정원 60명에 대해 100명의 응모자가 있어, 고등보통학교와 사범학교 양교 모두 정원 수의 수 배에 달하는 응모수를 기록하며 좋은 반응을 얻었다. 직원은 고등보통학교 교장 및 기타 2, 3명의 교유가 개설 사무를 맡기로 하고 이미 부임해 일제히 집무중이다. 개교는 두 학교 모두 4월 30일로 될 터이라더라.

—1922년 5월 1일, 동아일보

공주고보의 부지는 당시 공주면 남쪽 끝자락의 논밭이었다. 현재의 공주고 기숙사 자리에는 1907년부터 일본인 아이들이 다니는 '공주심상소학교'가 있었다. 공주에는 충남도청, 도경, 헌병대 등이 있었기에 다양한 직업의 일본인 가족들이 다수 거주했다. 1915년에 공주면(1931년 공주읍으로 승격) 지역에 주소를 둔 일본인이 1,560명에 달했다.

1922년 공주고보가 인가되자 공주심상소학교는 헌병대 연병장(현재의 봉황초등학교 자리)으로 이전했다. 1928년에 설립된 공주공립고등여학교(공주여자중·고등학교의 전신)도 초창기에 교사가 마련되지 않아 공주심상소학교에서 수업을 했다.

충남은 물론 전국 각지에서 온 학생들의 통학 불편을 해소하기 위해 1923년 6월 3동 규모의 기숙사를 신축하고 '봉황요(鳳凰寮)'라고 이름 붙였다. 한 실 정원은 4명으로,

최대 150명까지 수용이 가능했다. 기숙사 생활은 엄격한 규율 아래 이루어졌다.

참고로 1회부터 13회까지 고보 졸업생은 683명인데 이들의 출신지역을 분석하면, 공주군이 309명(45.2%)으로 압도적으로 많고, 부여군 46, 논산군 44, 연기군 38, 예산군 34, 청양군 32, 서천군 27, 서산군 25, 보령군 24, 홍성군 22, 당진군 18, 아산군 16, 천안군 14, 대전군 12, 충청북도 9, 전라북도 4, 그밖의 다른 도에서 9명 등이었다.

1924년 5월 본관 한 동이 완공되면서 6월에 공주보통학교 임시교사에서 새 교사로 이전했다. 개교 후 2년 1개월 만이었다. 같은 해 9월 120평 규모의 교사가 추가로 세워졌고, 1928년 2월 176평의 증축 교사가 완성되었다. 1931년 4월에는 과학관을 포함한 185평 규모의 특별교실이 신축되며 전국적으로 손꼽히는 시설을 갖추게 됐다.

처음 개교하던 무렵, 고보에는 교장을 비롯해 20여 명의 교유가 있었는데 1명 빼고 모두 일본인이었다. 고보의 교사를 '교유(教諭)'라고 불렀다. 가르치고 타이른다는 뜻으로 일제강점기에 중등학교의 정교사를 이렇게 불렀다.

수업시간표는 식민지 교육의 현실을 드러냈다. 일본어는 주당 7시간, 일본사는 3시간이었지만 조선어는 한문과 합쳐 겨우 2~3시간이 배정되었으며, 필수가 아닌 선택과목이었다. 일본어, 일본사, 일본지리는 필수과목이었다.

다른 과목으로는 수신(윤리), 단문, 외국어, 역사지리, 수학, 물리, 화학, 법제경제, 실업, 도수체조가 있었다. 외국어는 영어와 중국어 중 선택할 수 있었는데, 공주고보는 영어를 채택했다.

개교 당시 유일한 조선인 교사는 한문 과목을 맡은 안인식이었다. 학식이 깊고 인품이 높아 일본인 교사들까지도 그를 존경했다고 한다. 1925년 4월까지 학생들에게 모국어의 가치를 일깨우는 수업을 했는데 이후의 삶은 부침이 심했다. 안인식은 공주고보에 이어 대구고보에서도 교사직을 맡았으며, 이후 서울의 명륜학원에서 강사로 활동하였다. 안타깝게도 1936년 징병제 요망운동에 참여하는 등 여러 번 친일 행위에 나서면서 해방 후에 반민특위에서 조사를 받기도 하였다.

안인식에 이어 조선어 교육의 맥을 이은 이들은 한상렬, 김대희, 임병덕 등이었다. 안인식 이후 공주사범학교 출신 한상렬 교사가 1년간 조선어 강사를 맡았다. 뒤이어 전임으로 부임한 김대희 교사는 박학다식하며 성격이 호탕한 인물로, 칠판 가득 '가나다' 낱말을 써 가르치며 학생들에게 우리말의 뿌리를 심으려 애썼다. 그가 1930년 7월에 갑자기 사망했을 때에는 전교생이 도립의원-공주고보-본정통(중동)-산성정-금강백사장까지 운구행렬을 같이하며 슬픔을 같이했다.

1927년 7월 3일 〈조선일보〉에 보도된 공주고보의 동맹휴학 소식. '학생 구타 축출로 공주고보 맹휴' 제목 아래 관련 내용을 소개하는 가운데 '일선차별'이라는 말로 민족 차별의 교육체계가 문제임을 지적하고 있다.

동맹휴학 등으로 절반이 이탈

일제강점기에 '공주고보' 및 '공주중'(1938년 명칭 변경 이후)이라는 이름으로 졸업생을 배출한 것은 총 19회에 달한다. 앞서 살폈듯 1회부터 13회까지 고보 졸업생은 전부 683명이다. 1927년 3월 5일 제1회 졸업식이 거행되어 44명의 졸업생이 배출되었다. 5년 전인 1922년에 입학한 100명 중에 절반 이상이 졸업장을 받지 못했다. 1회(1927년 졸업)부터 13회(1939년 졸업)까지 졸업생 수는 매회 평균 53명 정도이다. 통계적으로 입학생의 약 48% 정도가 졸업을 한 것으로 나온다.

그중에서도 4회부터 8회까지 졸업생의 수가 적은 편인데, 그 이유로는 6·10 만세운동(1926), 광주학생운동(1929~1930) 등 항일운동에 참여한 학생들이 퇴학당한 영향이 컸다. 잇따른 동맹휴학과 뒤이은 학사처분으로 제적된 학생이 많았기 때문으로 분석된다. 특히 1929년~30년 광주학생독립운동 시기를 거친 제6회(38명)와 제7회(36명) 졸업생은 입학생 대비 33%만이 졸업했다. 경제공황으로 인한 여파로 경제적 어려움 때문에 중퇴도 적지 않았다. 공주고보 '퇴학전출부'에는 '병으로 퇴학'과 '가사 사정으로 퇴학' 같은 이유가 자주 등장한다.

1회 졸업생 44명 중 19명이 상급과정인 대학(전문학교 포함)에 진학했다. 이후 대학 진학자는 2회는 46명 중 17명, 3회는 49명 중 14명, 4회는 39명 중 13명, 5회는 41명 중 15명이었다.

1회(1927년)부터 5회(1931년)까지 졸업한 219명 중에서 78명이 대학에 진학했다. 진학률로 따지면 졸업생의 36%에 이른다. 그중 20명은 일본의 대학으로 진학했다. 국내 대학 중 가장 많이 간 곳은 경성법전(13명), 보성전문(8명), 공주사범·대구사범(각 4명), 경성제대·경성고공·경성전·수원고농·평양의전(각 3명) 순서였다.

공주고보와 사범학교의 동시 설립

1922년 4월 22일 충남도립사범학교가 공주고등보통학교와 함께 설립되었다. 지금의 공주교대 자리에서 시작된 충남 유일의 교사 양성소로, 공주고보가 설립되면 학생을 교육할 교사의 양성이 필요하다는 데 따른 것이었다. 제2차 조선교육령에 따라 전국 13도에 사범학교를 하나씩 설치하여 식민지 근대교육 체제를 완성하려던 의도였다.

충청남도는 도청 소재지로서의 장점과 공주군민들의 적극적인 상급학교 유치운동을 감안하여 공주를 사범학교 소재지로 낙점하였다. 사회적·경제적 기반시설이 미비한 다른 지역에 사범학교를 세우는 것은 충청남도 입장에서도 부담이 컸던 것이다. 공주고보와 도립사범학교를 함께 설치하는 방안이 채택되어, 한날한시에 설립 인가가 내려졌다. 대신에 지역간 균형을 꾀하기 위해 공주에 있던 농업학교는 예산으로 이전하였다.

사범학교 입학 자격은 2년제 고등소학교 또는 보통학교 고등과 졸업자였으며, 입학시험 과목은 국어(일본어), 산술, 일본역사, 지리, 조선어였다. 교육 과정은 2~3년제로, 강습과와 특과를 두어 2종 교사를 양성하였다.

1929년 '관립'사범학교 제도가 시행되면서 충남도립사범학교는 폐교를 맞았다. 총독부는 교원 양성을 직접 관리하기 위해 대구와 평양에 '관립'사범학교를 신설하고 각

도에 설치되어 있던 '공립'사범학교를 일제히 폐지했다. 폐교 조치 이후 1931년까지 졸업생을 배출하였고, 그후 공주고등여학교 건물로 활용되었다.

이후 1938년에 관립공주여자사범학교가 경성여자사범대학(1935년)에 이어 전국에서 두 번째로 설립되었다. 1932년 충남도청의 대전 이전 때 공주시민회에서 요구한 사항 중 하나가 관립사범학교의 설립이었다. 도청 이전의 보상 차원이었지만 공주의 '사범학교' 전통이 다시 이어지게 된 점은 기록할 만하다. 공주는 일본 내지에서도 교육도시로 명성을 높였는데, 여기에는 공주여사범이 기여한 것이 크다.

공주고보가 설립된 1922년에는 공주에 여러 변화가 있었다. 1922년 10월, 공주경찰서가 이전했다. 원래 충남도청 경내, 즉 현재의 공주사대부고 운동장 끝자락에 위치해 있었다가, 1922년 10월 공주우편국 인근으로 새 청사를 지어 이전하였다. 1년 후 충남금융조합연합회관이 바로 옆에 건립되었다.

또 다르게 눈여겨봐야 할 1922년의 사건은 동아일보 공주지국의 설립이다. 동아일보는 1920년 4월 창간된 한글 신문으로, 1921년부터 공주에도 보급되다가 지국까지 만들어진 것이다. 1920년대와 30년대에 걸쳐 동아일보 공주지국은 단순히 미디어로서만이 아니라 공주 청년·여성 교

全景　(森田玉河堂發行)

'조선 공주고등보통학교 전경'. 공주읍내 모리타 옥하당에서 발행한 사진엽서이다.

육의 산실이자, 중앙의 신문화를 지역에 이식하고 민족의식을 지켜내던 문화적 보루로서 역할을 다했다. 공주지국은 일제의 검열 속에서 동아일보의 민족적인 기사들을 지역에 전파하는 역할을 했으며, 또한 공주의 소식을 전국에 알리는 데도 힘썼다. 무엇보다 공주청년회 등 다른 지역 단체와 함께 많은 문화행사를 단독 혹은 공동으로 주최했다. 부인견학단 모집이나 강연회·토론회 개최, 공연이나 음악회 후원, 체육행사 지원 등 지역 사회의 의식을 깨우는 다양한 행사를 만드는 데 앞장섰다. 1931년에는 공주지국장 윤귀영이 시국사건으로 체포되어 실형을 받기도 했다.

동아일보는 처음에는 4면을 발행하다가 점차 12면으로 증면되었는데, 검열이 심해 기사를 삭제당한 채 인쇄되기 일쑤였고, 일장기 말소사건 등 4회의 정간조치를 당해 총 609일간 신문을 내지 못했다. 민족 말살 정책이 기승을 부리던 1940년 8월에는 최종 폐간되었다.

고보의 학제 변천

1922년, 공주고보가 처음 개교할 때는 개정 조선교육령('제2차 조선교육령')에 따라 일본인들이 다니는 '중학교'와 같은 5년제였다.

1938년에는 개정 조선교육령('제3차 조선교육령')에서 '고등보통학교'라는 명칭을 '중학교'로 일원화하였다. 이른바 '내선일체'(내지와 조선을 똑같이 함) 정책의 일환이었다. 경성제일고등보통학교가 경기중학교로 명칭이 바뀐 것처럼, 공주고등보통학교는 공주중학교가 되었다. 그때까지 내지인(일본인) 학생들은 '소학교'를 거쳐 남자는 '중학교', 여자는 '고등여학교'를 다녔고, 조선인 학생들은 '보통학교'를 마친 후 남자는 '고등보통학교'를, 여자는 '여자고등보통학교'를 다녀야만 했다.

1943년에는 5년제가 4년제로 단축되었다. 일제가 일으킨 태평양전쟁 말기, 전시 수학 연한 임시단축 조치에 따라 방학도 없애고 1년 단축한 것이다. 1945년 해방 후 5년제로 복귀했다가 1946년 미군정에 의거, 6년제 중학교로 개편되었다. 1951년에 전기와 후기 과정이 분리되어 3개 학년씩의 중학교와 고등학교로 개편, 분리되었다.

공주고보 1학년 신입생의 다수는 공주군 관내 보통학교(소학교) 졸업생들이었다. 1895년 갑오개혁 이후부터 신학문을 위한 민립학교들이 다양하게 싹을 틔우고 있었다. 하지만 1910년 강제병합 이후 공주에는 보통교육을 위한 공립학교가 잇달아 설립되었다. 1913년 이인사립삼흥학교(1917년 이인공립보통학교), 1914년 유구공립보통학교, 1919년 계룡공립보통학교, 1921년 반포공립보통학교·호계공립보통학교, 1922년 정안공립보통학교, 1923년 의당공립보통학교, 1925년 우성공립보통학교, 1927년 신풍공립보통학교, 1929년 탄천공립보통학교, 1930년 장기공립보통학교, 1934년 호계부설 운암간이학교(마곡공립보통학교), 1938년 공주여자사범학교 부속소학교, 1938년 덕암공립보통학교, 1940년 금학공립심상소학교, 1941년 귀산공립국민학교, 1942년 의당국교 태산간이학교, 1944년 이인국교 태봉분교장·계룡국교 경천분교장 등이 차례로 개교하였다.

일제가 설립한 제도권(공립) 보통학교가 증가하긴 했지만, 1910~20년대 농촌 현실에서는 아직도 서당이나 야학이 실제 초등교육을 떠받치는 비중이 컸다. 서당은 종래의 한문과 유교를 중심으로 하는 경전식 학습으로 천자문, 동몽선습, 명심보감, 소학류를 배웠는데, 점차 한글과 산술(算術)·근대 상식까지 포함하는 경우가 늘었다. 한편으로는 일제 경찰의 단속 위험을 감수하면서 조선어와 조선역사, 조선지리를 가르치는 민족계몽의 거점 역할을 하기도 하였다.

차별의 또 다른 현장, 수업료라는 장벽

일제강점기 조선의 학교 운영 방식은 철저히 식민지 통치 논리에 따라 설계되었다. 공주고등보통학교 역시 예외가 아니었다.

1928년 공주고등보통학교의 운동회 모습.

우선 학비 부담이 컸다. 수업료에 입학금, 교과서 대금, 학용품비, 경우에 따라 기숙사비까지 더해졌다. 1936년을 전후한 시기, 공주고보 학생의 1년간 학자금을 따져보면 1년간 수업료 33원, 교과서 및 사서대 (최대)25원, 학용품대 (최대)10원, 교우회비 6.60원, 제복 8.30원, 무도 용구대 (최대)14원 등이었다. 5년을 따진다면 400원이 넘는다.

입학시험에 성적의 장벽이 있었다면 이러한 경제적 부담이라는 또다른 장벽이 있어 웬만한 집안에서는 고보를 보내기가 힘들었다. 설령 입학하더라도 수업료를 제때 내지 못하면 수업 정지, 시험 응시 제한, 반복시 제적 또는 자퇴 조치까지 이어졌다. 수업료 미납 학생이 교실에서 공개적으로 모욕을 당하는 일도 드물지 않았다.

일제는 조선인에게 무상 또는 보편 교육을 제공할 뜻이 없었다. 교육은 필요했지만, 그 수준은 하급 관리와 실무 인력을 양성하는 데서 멈추어야 했다. 일제는 경험을 통해 고등보통학교 이상의 교육을 받을수록 비판의식과 저항 가능성이 커진다는 사실을 알고 있었다. 공주고보 학생들이 1920년대 후반과 1930년대에 걸쳐 민족차별을 참다못해 동맹휴학과 항일 움직임의 주체로 등장한 것은 결코 우연이 아니다.

일본인은 무상으로 초등교육을 받은 뒤 중학교를 거쳐 전문학교, 대학교로 진학하는 경우가 많았지만, 조선인은 수업료를 계속 지불해야 했고 치열한 경쟁을 통과한 일부 학생에게만 기회가 주어졌다. 경성제국대학(후일의 서울대학교)의 경우에도 일본인과 조선인의 입학정원 비율은 늘 2대1로 유지되었다. 일본인을 위해 조선인의 입학기회를 제한한 것이다. 참고로 대학을 졸업하고 취업한 일본인의 월급이 130엔, 조선인은 85엔이었고, 전문학교 출신의 경우 일본인은 70엔, 조선인은 50엔이었다.

1925년 공주시가지의 모습

1925년 6월 7일자 〈동아일보〉 3면에 흥미로운 공주 소식이

'조선 충청남도 공주지방재판소' 사진엽서. 1910년 신축 준공 당시의 모습이다.

실렸다. 충남 공주부인회가 공주 부인계의 상식과 사회적 식견을 넓히기 위해 동아일보 공주지국의 후원으로 '부인 견학단'을 조직했다는 기사였다. 견학단은 6월 15일 오전 7시 30분부터 공주 시내 주요 시설을 둘러볼 예정이었다.

신문에 소개된 견학 코스는 다음과 같았다. 공주군청과 공주면사무소를 시작으로 도립의원, 식산은행 지점, 공립보통학교, 남선제사, 대전자동차부, 조선자동차부, 구로다 차장, 실업협회, 공주형무소, 도기조합, 우편국, 경찰서, 공주지방법원, 충남도청, 경관교습소, 공주금융조합, 잠종

제조소와 취체소, 종묘장, 충남도립사범학교, 공주고등보통학교, 수원지, 영명남학교와 여학교, 그리고 서양인 가정 등이었다.

이 견학 코스에는 지방 행정기관, 금융·산업 시설, 사법·치안 기관, 그리고 공주고보와 같은 근대 교육기관들이 빠짐없이 포함되어 있었다. 이들 대부분은 조선왕조 시대에는 존재하지 않았던 시설과 제도였다. 1896년 충청도가 충청남북도로 분리된 이후, 그리고 1932년 9월 충남도청이 공주에서 대전으로 이전되기 전까지, 공주는 충청남도 14개 군을 관할하던 도청 소재지였다. 그 결과 대한제국기와 일제강점기를 거치며 신식 관청과 단체, 학교들이 집중적으로 들어서게 되었다.

일본 식민지 당국은 이러한 공주의 모습을 통해, 식민지 지배 이후 조선이 '근대화되었고 발전했다'는 이미지를 보여주고자 했다. 공주에 새로 들어선 관청과 신식 건물, 그리고 이를 연결하는 신작로는 식민통치의 성과를 시각적으로 증명하는 전시물이자 선전 수단이었다.

10년이 지난 후 1935년 10월 4일자 〈동아일보〉에 다시 한번 부인 견학단의 기사가 등장한다. 공주지국 주최로 또 한 차례 부인 견학단을 모집한다는 짧은 기사였다. 답사 코스는 10년 전과 비교해 훨씬 단순해져 백제왕릉, 공주형무소, 공주지방법원, 공주보통학교, 도립의원, 공주고등보통학교, 수원지, 영명학교 등이었다.

이는 1920년대와 1930년대 사이 10년간 공주의 도시 위상과 식민통치의 초점이 어떻게 변화했는지를 보여준다. 초기에는 행정·산업·교육 전반을 망라한 '근대도시 공주'의 면모를 과시하려 했다면, 1930년대에는 사법·형무소와 같은 통제의 공간과 상징적 유적 중심으로 견학 대상이 바뀌었다.

1926년의 '공주시가도'

1926년에 제작돼 1부당 30전 가격에 판매되었던 〈공주시가도〉라는 한 장짜리 관광용 팸플릿을 보면, 공주읍내의 시가지 구조를 비롯해 관공서, 학교, 각종 상점, 주요 인물의 자택 등 141개 장소가 꽤 정밀하게 표기되어 있다. 1926년 9월 23일에 발행된 이 팸플릿은 경성에서 발행·인쇄되었다. 제민천은 '제성천(濟城川)'으로, 공주고보는 '공립고등보통학교, 전화 136번'이 적혀 있다.

공주고보로 이어지는 큰길에는 공주공립보통학교, 식산은행 지점, 도립의원, 공주면사무소, 공주군청, 대신궁, 영명학교 등이 차례로 보인다.

'공주공립보통학교'는 공주객사가 있던 자리에 설립하였다. 객사는 고려·조선시대에 공주를 방문(출장)하는 관리 등 외부손님을 대접하는 관용 시설이었다. 지척에 공

公州市街圖
凡例
道路
河川
警察署
郵便局
神社
佛閣
錦江
山城公園
山城町
錦町
旭町
本町

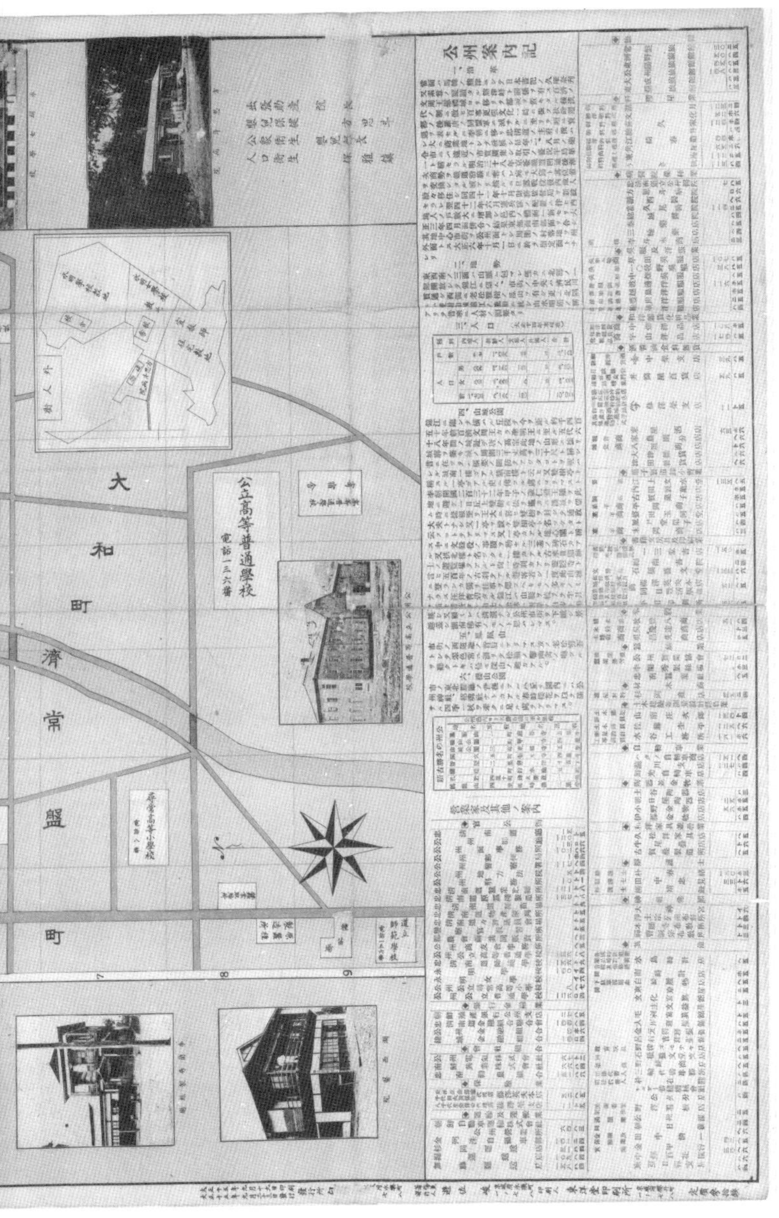

1926년 경성에서 제작된 '공주시가도'. 1부에 30전에 판매된 관광안내도이다.

주군청(공주목관아), 충남도청(충청감영)이 있었기에 필요한 시설이다. 전패(殿牌)를 안치하고 초하루와 보름날에 한양 궁궐을 향해 망궐례(望闕禮)를 행했다고 한다. 건물 규모가 크고 넓어 근대학교 건물로 쓰기에 적합했다.

1898년(고종 35) 11월, 충청남도 최초의 근대식 소학교가 문을 열었다. 설립자는 개화기 지식인 심기섭(沈驥燮, 1873-1945)이었다. 의당면 출신으로 한성사범학교의 제1회 졸업생이다. 공주에 돌아와 조선의 미래를 교육에서 찾았다. 당시 충청남도관찰사 김가진(金嘉鎭, 1846-1922)이 100원을 쾌척한 것이 결정적 힘이 되었다. 김가진은 대한제국의 고관 출신이면서 상하이로 망명해 대한민국 임시정부를 도운 인물이다.

소학교에서는 국어·산술·습자 등 신학문의 기초 과목을 가르쳤다. 을사늑약이 체결되고 1년 후인 1906년 이토 히로부미의 통감부가 '보통학교령'을 내림으로써 '공주공립보통학교'로 개편되었다. 전국 13곳 관찰사 파견지에 있던 소학교들을 보통학교 체제로 흡수한 것이다. 학생들은 자퇴하거나 일본인을 위한 학교에 취학할 수 없다고 입학을 거부했다고 한다. 공립으로 전환되었지만 심기섭은 교장 역할을 계속했다. 1938년 '공주본정공립심상소학교'로 명칭이 바뀌었다.

'식산은행 공주지점'은 본정통(중동) 십거리에서 충남도

'옛 공주읍사무소'의 정면 모습. 공주 시내에 유일하게 남은 일제강점기 당시 관공서 건물이다. 1923년 충남금융조합(금조) 연합회관으로 건립되었으며, 도청 이전으로 '금조'가 대전으로 함께 옮겨간 후 1934년부터 1985년까지 공주읍사무소로, 이후 86년부터 89년까지는 공주시청으로 사용되었다.

청을 마주 바라보고 있다. 1918년부터 조선식산은행은 동양척식주식회사와 함께 경제 침탈의 첨병 역할을 했다. 특히 중일전쟁 개시 이후로는 채권 발행과 강제 저축을 통해 조선인의 자본을 흡수해 전쟁 수행을 하기 위한 자금을 공급하였다. 서양식 2층 건물과 직원들의 모습이 사진으로만 남아 있다.

본정통 삼거리는 당시에 가장 번화한 상점가 중 하나

였다. 이 부근에 이시바시 성문당(문구·인쇄), 모리타 옥하당(과자), 다키가와 지점(자전거), 풍월당 과자점, 나카시바 지점(식료품) 등 당시 학생들도 드나들 수 있는 상점들이 모여 영업을 했다. 대부분 일본인들이 주인이었고 일본인들을 위한 상점이었다. 고보 학생들의 일인 상점 배격운동의 대상이 되기도 했다.

'도립공주의원'은 1910년 9월 설립된 '자혜의원'의 후신이다. 1909년에 3곳, 1910년에 공주를 포함해 전국 10곳에 설립된 근대식 관립 의원 중 하나이다. 근대의학을 보급하고 자국민(일본인)을 치료하기 위한 목적이었다. 1925년부터는 충청남도 부속기관이 되었다. 1926년에 의관 3, 의원 2, 약제사 1, 서기 1명이 근무했다.

도립의원 맞은편에 공주면사무소가 있다. 1914년 지방행정구역 개편에 따라 충남도청이 있는 시가지가 '공주면'이 되었다. 1915년부터 같은 자리에서 업무를 보다가 1922년 건물을 신축하여 낙성식(준공식)에서 성대한 공주관민대회가 벌어졌다고 한다. 일본인 면장과 5~6명의 서기들이 일했다. 공주면은 1927년, 총독이 지정하는 '지정면'이 되었고 1931년에 '공주읍'으로 승격되었다. 면사무소는 1920년대 후반, 충남도청 이전 반대운동을 위한 회의장소로 자주 사용하였다. 욱정(반죽동)의 충남금융조합연합회가 대전으로 옮겨가자 그 건물을 사들여 1934년 5월에 이전하였다.

'공주군청'은 도립의원의 바로 오른쪽 뒷편에 있었다. 이곳에는 오래된 공주목 관아가 있었다. 고려 초기인 983년(성종 2) 전국에 설치된 12목 중 하나인 공주목의 관아였다. 조선시대에 이른바 겸목제도로 충청관찰사가 공주목사를 겸하던 때에도 이곳을 계속 사용하였다. 1896년에 '공주군'이 설치되어 그때부터는 공주군청이라고 불렸고, 1928년까지 사용하다가 반죽동으로 새 건물을 지어 옮겨갔다. 이후 옛 공주군청 건물은 학교평의원회, 면장회의, 공주군금융조합, 공주산림조합, 우성수리조합 등의 발기인 회의와 창립총회 등 공공목적의 회합 장소로 자주 활용되었다.

민족동화정책과 황국신민화

공주군청 뒤로 방은두의원, 영명여학교, 대신궁이 있다. 일제강점기 초기부터 일제는 민족동화정책을 확장하여 조선의 문화와 정신을 지워나가기 시작했는데, 대표적인 것이 신사 건립이었다. 조선인이 일본인과 같은 사고방식을 갖도록 개조하는 것이 목적이었다. 처음에는 일본인들이 집단 거주하는 지역에 세워지다가 점차 여러 곳에 세워졌는데, 1925년부터 학생들에게도 신사 참배가 강제되었다.

일제강점기 우리나라 어디를 가나 대신궁(大神宮)이 설

치되었다. 도청 소재지인 공주에도 대신궁과 신사, 일본식 사찰을 지어 조선인의 정신을 꺾으려 하였다. 대신궁은 1910년대에 현재의 공주도서관 위치에 지었다. 일본 관료들이 부임하면 일본왕실 선조의 영을 모신다고 제일 먼저 참배하고 기원하는 곳이었다. 미국 선교사들의 정착지로서 그들이 영명학원을 운영하던 바로 옆이고, 공주객사를 발밑에 내려다보며 건너편 봉황산과 공산성을 조망할 수 있는, 당시로서는 꽤 높은 야산이었다.

1926년 11월에는 충남도청사 뒤편 봉황산 중턱에 공주신사가 창건되었다. 이곳 역시 공주 시가지 전체를 내려다보는 위치로, 일제가 내선일체와 황국신민화를 내세워 주민과 학생들에게 정기적인 신사 참배를 강요하기에 적합한 장소였다.

일본 정신과 신체 단련을 강조한 교육 정책은 '황국신민화' 정책으로 불렸다. 침략 전쟁 수행을 위해 조선인을 병사로 동원하기 위한 사전 준비이자 체계적인 세뇌였는데, 이 황국신민화 정책의 또 다른 핵심 수단이 신사 참배 강요였다. 메이지 일왕을 신으로 떠받드는 조선신궁이 서울 남산에 세워졌고, 각 지방에도 신사가 설치되어 학생과 주민들에게 참배가 강요되었다. 신사 참배를 거부한 학교는 폐교나 퇴학 등의 제재를 받았으며, 일반인에게도 신사 참배가 강요되었다. 나아가 천황이 있는 도쿄 방향을 향해 절을 하게 하는 '궁성요배(宮城遙拜)'까지 강제되었다.

신사는 1940년 이후 '1군(郡) 1신사'에서 '1면(面) 1신사'로까지 확장하여 더욱 활발히 세워졌다. 그중에는 당연히 관에서 세운 신사가 많았으나 민간에서 인가를 얻어 세우기도 했다고 한다. 1945년 일제 패망 직전의 자료를 보면 전국에 1,141개의 각종 신사가 있었다고 하니 전국 어느 곳을 가든 부딪치지 않을 수 없는 식민지의 풍광이었다.

8월 15일 해방을 맞자 그동안 억눌린 조선사람들이 제일 먼저 습격, 파괴한 것도 첫째, 경찰관서, 둘째, 지방 행정기관, 셋째가 신사였다. 그러자 제 나라로 돌아가야 하는 일제는 자기네 손으로 신사를 해체, 소각하도록 각 지방관서에 명령을 내려 승신식(昇神式)을 하는 등 부산을 떨었다.

영명학교, 영명여학교는 '언덕 위의 빨간 집'으로 불릴 만큼 독특한 풍광을 갖고 있었다. 일제하 영명학교 학생들의 동맹휴학은 크게 2회 있었다. 1929년의 동맹휴학은 전남 광주에서 시작된 전국적 학생항쟁의 물길이었으며, 1930년에도 6월과 12월에도 두 번의 큰 행동이 있었다. 일본인 교사 배척, 조선어 문법과 조선역사를 가르칠 것 등 일제 식민지 교육에 항거한 독립운동이었다. 영명학교는 태평양전쟁을 일으킨 일제가 적국인 미국의 선교사들을 강제로 추방하면서 1941년 강제로 문을 닫았다(당시 명칭은 영명실수학교). 학교 건물은 관립공주여자사범학교나 공주농업중학교의 교실·기숙사로 활용되었다.

표1. 공주면(읍) 내 지명의 변천

조선/대한제국 시기	일제강점기	해방 이후
봉황리	상반정	봉황동
반죽리	욱정	반죽동
고상아리	대화정	중학동
허문리	본정	중동
관현리	산성정	산성동
교촌리	금정	교동
웅진리/용당리	용당정	웅진동
성내리/금성리	금성정	금성동
금학리	금학정	금학동
옥룡리	옥룡정	옥룡동

산성공원과 앵산공원의 조성

일제강점기에는 각 도시에 공원을 조성했다. 공원을 통해 도시의 근대성을 과시하려는 목적이었다.

공주에 최초의 공원이 들어선 것은 1913년경이다. 영명학교 앞의 앵산공원과 공산성(쌍수산성)을 공원으로 바꾼 산성공원이 그것이었다. 1919년 공주를 방문한 소설가이자 언론인 민태원은 '부춘산인'이라는 필명으로 〈매일신보〉에 공주에 대한 인상을 실었다. 그는 공주를 "도청 소재지로서 그리 넓다고는 할 수 없으나 정갈하고 정답기로는 우수한 곳"이라고 평가했다. "시가지는 남북으로 길고 동서로 짧으며, 가옥의 반수 이상이 초가였다"고 적었다. 특히 그는 제민천을 "산골 냇물보다 못할 것이 없다"며 그 맑음을 인상 깊게 기록했다.

그러면서 민태원이 꼽은 공주의 4대 명물은 첫째, 쌍수산성의 승경, 둘째, 공주 갑부 김갑순, 셋째, 버들 세공품, 넷째, 감이었다. 민태원이 첫 번째로 꼽은 공산성의 경치는 당시에도 널리 알려져 있었다. 공산성을 1913년에 산성공원으로 지정한 일제 당국은 소풍지로 이용되던 이곳에 나무를 심기 시작했는데, 특히 벚꽃을 대규모로 심었다.

공주의 두 공원, 앵산공원과 산성공원은 봄철 벚꽃 명소로 유명했으며, 산성공원에서는 벚꽃 축제인 '관앵회(觀櫻會)'가 열렸다. 도지사가 개회사를 했고, 시민과 기자 수백 명이 모여 폭죽을 쏘고 음악과 춤을 즐겼다.

1929년 충남도지사가 총독부에 보고한 공주의 주요 건축물 10개 가운데 6개가 공산성 안에 있었다. 진남루, 공북루, 웅심각, 쌍수정, 웅심각 비각, 쌍수정 비각 등이 그것이다. 하지만 조선시대 호서지역의 수부도시로서 내려오는 이러한 역사성은 경시되었다.

당시 산성공원으로 들어가는 길은 상당히 좁았으나 1930~1932년 지방비를 들여 길이 약 1.6km, 폭 약 5.4미터 규모의 도로를 개설했다. 공원 내부를 관통하는 자동차 도로가 생기면서 공산성은 더욱 많은 사람들이 찾게 되었다.

공산성의 가장 높은 곳에 있는 정자는 광복루인데 일제강점기에서는 웅심각이라고 했다. 이 누각은 공북루 옆에서 옮겨온 것이다. 조선 군대를 해산하고 공산성 내 중군영(中軍營)도 역할을 다해 공북루 서편에 있던 중군영 해상루를 이 산마루에 옮겨 지은 것이다.

웅심각에는 초대 총독 데라우치가 쓴 '웅심(雄心)' 현판이 있었다. 1913년 5월, 초대 총독 데라우치 마사타케가 충남도청을 순시하고 이곳에 오른 것을 기념해 남긴 휘호였다. 데라우치는 이토 히로부미와 같은 조슈번(야마구치현) 출신으로, 1910년 5월 제3대 조선 통감으로 부임한 뒤 강제병합을 지휘했고 초대 총독으로서 1916년 10월까지 재임한 인물이다. 그가 태어난 야마구치현은 백제 성왕의 세 번째 아들인 임성태자가 터를 잡아 오우치(大內) 가문의 시조가 된 곳으로 알려져 있다. 데라우치는 자신을 백제의 후예로 생각했다. 그는 조선의 고문서 등 문화유산을 대규모로 수집해 자신의 고향 야마구치시에 '데라우치 문고'를 만들었다. 그만큼 문화유산 반출의 주범으로 악명이 높다.

현재 공산성 임류각 아래에는 명국삼장비 비각이 있다. 명국삼장비는 세 개의 비석으로 이루어져 있다. 정유왜란 때인 1598년(선조 31) 가을, 공주에 주둔했던 명나라 장수 이공, 임제, 남방위의 업적을 기려 1599년에 세운 사은송덕비이다. 비문에는 명나라 제독 이공이 왜군 장수인 고니시 유키나가, 가토 기요마사를 추적하는 등의 내용이 적혀 있다. 일본인들이 이를 사진엽서로 펴냈는데 제목이 '공주 산성공원 가등·소서 두 장군의 비'라고 인쇄하였고, "이 비석은 가토와 고니시가 고전하자 전쟁이 끝난 후 충청 관찰사가 이를 기념하기 위해 세운 것이다"라고 하여 침략자의 시각에서 조선의 역사를 왜곡했다. 이마저 배일사상을 고취시킨다는 이유로 비석에 새겨진 '왜구(倭寇)'라는 글자를 파내고 공주읍사무소 뒤뜰에 묻어버렸다. 비면에는 총탄의 흔적까지 남아 있다.

공주의 '벚꽃 터널'

일제강점기에 벚꽃은 군국주의를 상징하는 것 중 하나로, 짧은 순간 활짝 피었다가 한꺼번에 지는 벚꽃처럼 천황을 위해 화려하게 싸우다 함께 사라지자는 의미로 해석하기도 하였다. 조선총독부는 조선의 위엄 있는 전통공간과 상징공간에 벚나무를 심어 꽃놀이를 위해 개방하였다. 또 새로 조성된 근대공원이나 신작로에 벚나무를 줄지어 심었다.

'조선 충남 공주 꽃의 터널' 사진엽서. 산성공원(공산성) 옆 신작로변의 벚꽃길이다.

공주에도 1910년 강제병합 직후부터 '요시노 벚나무'를 식재하였다. 그중 공산성(산성공원)과 앵산공원, 반죽동 공주법원, 그리고 공산성 옆 읍내 진입로 등에 대규모로 심었다.

1929년 4월에는 신무천황제(매년 4월 3일)를 기념하여 관민 합동으로 산성공원 쌍수정 주변으로 벚나무 등 나무 3천 그루를 심었다는 기록도 있다. 또 중동의 공주객사와 공주군청 뒤 미국인 선교사들의 주거지였던 작은 동산은 대규모로 벚나무를 심어 '앵산공원(櫻山公園)'이라 부르게 되었다.

공산성 옆 공주읍내 진입로에는 벚나무로 된 가로수길을 조성했다. 이곳은 금강을 건너 공주읍내로 들어오는 관문인데 마치 벚나무 터널에 들어오는 듯하다 하여 '벚꽃 터널' '앵화굴(櫻花窟)'이라 불렸다. 이 벚꽃 터널은 여러 신문이나 기록에 공주의 명소로 소개될 정도로 매우 유명하였다. 벚꽃 개화시기가 되면 산성공원, 앵산공원과 함께 봄맞이 꽃놀이 장소로 각광을 받았다. 봄이면 공주전기회사에서는 나뭇가지에 10촉짜리 전등 수백 개를 가설해 야간 벚꽃놀이를 즐길 수 있게 하였다.

이처럼 벚나무가 대규모로 식재되는 것을 보고 일본을 상징하는 벚꽃에 대한 거부감을 표출하는 공주사람들도 있었다. 나무 아래 보초를 세워 밤낮으로 감시하기 위해 동원된 부역 징발에 고통받던 주민들의 증오가 이 벚꽃에 쏟아졌다고 한다.

1935년 공주고보 제9회 졸업앨범에 '우리꽃' 무궁화를 인쇄하여 큰 파문을 일으킨 것이나, 1936년에 구자훈 등 7명의 공주고보 학생들이 '명랑클럽' 비밀결사를 만들어 일어 사용금지나 신사 참배 거부 등과 함께 무궁화 식수 장려를 민중계몽활동으로 전개한 데서 당시의 정서를 엿볼 수 있다.

폭행과 퇴학, 체포와 투옥, 심지어 죽음의 그림자 앞에서도 학생들은 물러서지 않았다. 동맹휴학과 항의의 연쇄는 '공주고보'라는 이름을 가장 뜨거운 항일의 현장으로 바꿔놓는다.

2부

식민지 차별 교육과 학생들의 저항

거듭된 맹휴, 역사의 물결로 흐르다

1926년 4월 25일, 경성 창덕궁 대조전. 16년 동안 유폐되다시피 하며 지낸 숙소에서 대한제국의 마지막 황제 순종이 끝내 숨을 거두었다. 고종의 뒤를 이어 1907년 황좌에 올랐던 순종(李坧, 재위 1907~1910)은 국권이 저물어가는 제국의 끝자락에서 무기력한 운명을 짊어진 군주였다.

오늘날 그에 대한 역사적 평가는 대체로 차갑고 비정한 편이다. 나라를 빼앗긴 비극적 결말 앞에서 그는 흔히 '무기력한 군주' 혹은 '일제에 저항하지 못한 황제'로만 각인되어 있다. 하지만 그가 즉위할 당시, 대한제국은 이미 외교와 군사, 재정의 핵심 주권이 일제의 통감부로 강제 이전되어 껍데기만 남은 상태였다. 1907년의 군대 해산과 사법권 박탈, 행정권 장악에 이르기까지 일련의 망국적 조치들은 황제의 의지와 상관없이 일제의 치밀한 각본 아래 강행되었다. 그럼에도 불구하고, 국가 체제가 완전히 붕괴되는 절체절명의 순간에 순종이 상징적인 저항이나 국제사회를 향한 적극적인 호소조차 시도하지 못한 점은 역사의 엄중한 비판으로부터 자유롭기 어렵다.

그러나 역설적이게도, 군주로서의 무력함과는 별개로 식민지 조선 민중들에게 순종의 죽음은 단순한 한 개인의 서거가 아니었다. 그것은 사라진 조국에 대한 마지막 예우이자, 억눌렸던 민족적 울분을 터뜨릴 기폭제였다. 1919년 고종의 인산(因山)이 3·1 운동의 도화선이 되었듯, 순종의 죽음 역시 일제의 식민 통치에 항거하는 거대한 독립운동의 계기가 되었다. '황제는 떠났으나 민족의 투쟁은 비로소 깨어났다'는 상징 아래, 공주고보를 비롯한 전국 각지의 학생들과 민중들은 순종의 인산일인 6월 10일을 기해 다시금 태극기를 들고 거리로 쏟아져 나왔다. 비운의 군주가 남긴 마지막 자리는 그렇게 식민지 조선의 독립 의지를 하나로 묶어내는 거대한 함성의 광장이 되었다.

1926년 4월 순종 추모 동맹휴학

1926년 4월 25일, 순종이 일제의 강요로 왕위를 물러난 지 16년 만에 서거했다는 소식이 전해지자 공주 시민들은 흰 상복을 입고 거리로 나와 애도의 물결을 이루었다. 전국 어디나 같은 모습이었다.

공주사범학교, 공주고등보통학교, 공주보통학교와 그

東亞日報

鐵甕城가튼警戒網裡
各處에서朝鮮○○萬歲高唱
過激한活版文書를多數히撒布
群衆과警察混亂으로負傷者多數
爆發의第一聲은學生堵列中

觀水橋附近

敦化門附近

黃金町附近

東大門附近

騎馬隊東衝西突
群衆은自相踐踏
撤市된街路에殺氣衝天
極度로混亂中負傷者百餘名

軍隊示威行列

號外發行禁止

到處萬歲

十餘名刑事隊

佛敎代表의「啓明星」
新事件新檄文續出

大同團宣言
關係者三名

再昨夜에도二十名
各校學生續續檢擧

驛頭에서生逮捕

檢事出勤取調

騷然한各地

各署連絡으로八方에서檢擧
鍾路署에百五十
東門署에五十名
本町署에十餘名

檄文은二種

暗淚에 深鎖된 曉頭九重大闕

吊砲와 吊曲에 青龍旗黃龍旗

永訣에 莫返하실 靈駕聖魂

오래대궐을등지시고마조막떠나신영원한길

靈壇에 進香奉饌

1926년 6월 11일, 전날의 만세 시위를 전하는 동아일보의 1면과 2면. 검열의 흔적인 ○○가 문화통치기의 기만을 증거한다. 일제강점기 당시 '독립'이라는 말은 함부로 사용할 수 없는 말이었다.

밖의 사립학교들이 며칠간 임시휴교를 요청했으나 당국은 받아들이지 않았다. 그러자 4월 29일부터 학생들이 자체적으로 동맹하여 각기 결석계를 제출하고 3일 또는 5일간 애도의 시간을 갖기로 하였다. 아래는 당시의 보도기사다.

공주 산성공원 일대는 곡성(哭聲)이 진천부절(震天不絶)

시민이 작대망곡(作隊望哭)하여

충남 공주에서는 고 창덕궁 이왕 전하가 승하하셨다는 비보가 전해지자 각 상점들은 철시하거나 휴업에 들어가 봉도(奉悼)의 뜻을 나타냈다 함은 이미 보도한 바와 같고 그후 지난 29일에는 이른 아침부터 보통학교를 비롯한 사범학교의 모든 학생들이 모두 공산성 쌍수정 광장에 집결해 망곡식을 거행하였다.

이 밖에도 일반 남녀는 수십 명 혹은 백여 명씩 떼를 지어 종일 밤새도록 망곡하는 이들이 끊이지 않으므로 산성공원 일대에는 곡소리가 그칠 사이가 없어서 그 애통해하는 모습은 차마 보기 어려울 정도였다.

—1926년 5월 2일, 매일신보

공주고보에서도 학생들의 추모 분위기가 고조되었다. 4월 28일, 전교생이 산성공원에 올라 망곡했다. 29일, 애도의 뜻으로 전교생이 자발적으로 학교에 결석하는 동맹휴교를 단행했다. 동맹휴교는 5월 1일까지 3일 동안 계속되었다. 공주고보로서는 개교 이후 최초이며 이전에 없었던 강경한 항거였다.

고보 학생들이 동맹휴교를 끝내고 등교한 날, 전교생이 강당에 모여 조회를 할 때였다. 조선인 순사가 강당에 들어와 있는 것을 발견하였다. 학생들이 "저 개를 잡아라!"라고 소리쳐 퇴장시켜 버렸다. 학생들은 수업 일정에 대한 설명을 들은 후 하교했는데 그 형사를 교문 밖에서 또 만났다. 학생들이 달려들어 그 순사를 집단폭행하기 직전에 이르렀다. 한편에서 만류하던 학생들이 있어 순사는 무사히 풀려났다.

6·10 순종 인산일 동맹휴학

고보생들은 6월 10일 순종의 인산일(장례일)이 다가오자, 전교생(1회~5회)이 운동장에 모여 수업을 거부할 것과 산성공원 쌍수정에서 만나 장례가 치러지는 방향을 향해 북향 망곡하기로 뜻을 모았다. 마침내 6월 10일, 조선인 교사 김대희 선생을 모시고 전교생이 서울을 향해 절하고 곡하면서 민족의 울분을 함께 토해냈다. 공주에서는 다른 지역처럼 대규모 만세시위로까지 이어지지는 않았지만 주요 학교 단위로 이전에 없었던 조직적인 저항의 움직임이 처음 표출된 것이라 할 수 있다.

순종의 국장일에 맞춰 전국적으로 일어난 6·10만세운동은 3·1운동 이후 최대 규모의 항일 시위로 평가되며, 중등학생들이 중심이 되었다. 당시 경제·사회적 상황을 보면, 일제의 토지조사사업 후 농민의 몰락이 심화하여 소작쟁의가 크게 증가하고 있었다. 사상적으로는 조선학생과학연구회 등 다양한 지식인그룹이 항일사상을 전파하는 가운데, 사회주의, 민족주의, 계몽운동이 서로 영향을 주며 독립의식을 고양하고 있었다.

6·10만세운동 당시의 격문을 보면, "조선은 조선인의 조선이다! 학교용어는 조선어로! 학교장은 조선인이어야 한다! 일본인 물품을 배척하자!" 등 민족주체의식을 일깨우는 내용과, "일본인 지주에는 소작료를 바치지 말자! 소작권을 이동하지 못한다! 소작제를 4대6으로 하고 공과금은 지주가 납부한다!" "8시간 노동제를 실시하라! 동일노동에는 동일임금을 지급하라! 동양척식주식회사를 철폐하라!"처럼 기층 민중인 농민과 노동자의 요구를 함께 외친 것을 알 수 있다.

한편 6월 10일 만세 시위 다음 날인 1926년 6월 11일, 전날의 만세 시위를 전하는 동아일보의 지면은 자못 생동감이 넘친다. '철옹성 같은 경계 망라 / 각처에서 조선○○만세 고창 / 과격한 활판 문서를 무수히 살포 / 군중과 경찰

혼란으로 부상자 다수 / 폭발의 제1성은 학생 도열중' 등 1면의 헤드라인 제목만 읽어도 당시의 폭발적이고 긴박한 정세가 잘 전달된다.

특히 흥미로운 것은 '독립'이란 말을 ○○으로 처리한 것과 '동아일보' 제호 아래 실린 '호외발행금지' 항목이다. "10일 국장 당일에 돈화문 앞을 비롯하여 시내 각처에서 여러 번 일어난 만세 사건은 본지의 민활한 활동으로 호외를 발행하였으나, 당국으로부터 인쇄까지 마친 호외의 반포를 금지당하여 부득이하게 본지로써 사실 전말을 보도하는 바이다."

공주고보 초창기 민족차별 실상

공주고보는 조선인을 위한 학교였으나 교장을 비롯한 교사는 1명만 빼고 일본 본토에서 온 일본인이있다. 조선과 조선사람을 무시하고 깎아내리는 행태가 다반사였고 학생의 인권은 전혀 존중받지 못했다. 공주고보 학생들은 식민지 백성으로서 민족차별을 온몸으로 겪으면서 민족의식을 키워갔다. 이러한 상황이 벌어질 때마다 고보 학생들은 집단행동으로 맞섰다.

고보 개교 초기에 다닌 졸업생들의 회고를 보면, "일본인들이 얼마나 예의가 없고 고압적이었는지 한 달에 몇 차례씩 경찰서 순사들이 20여 명씩 무리를 지어 고보 운동장에서 교련 연습을 했다. 그러던 어느 날 순사 한 명이 강당 옆에서 오줌을 누는 것을 본 고보 학생 두 명이 달려가 순사의 멱살을 잡아 철조망 담장 밖으로 내동댕이쳤다. 이에 순사들이 달려들어 학생들을 폭행하기 시작했다. 이 소식을 들은 학우 90여 명이 교실에서 쏟아져 나오니 순사들은 도망치느라 바빴다"고 한다.

고보 운동장을 조성하고 학교측에 정식으로 인계되기 전, 학생 십여 명이 축구를 하고 다른 한쪽에서 야구를 하던 일본인들 가운데 순사가 축구공에 등을 맞는 일이 있었다. 그러자 그 순사는 욕설을 퍼부으며 운동장이 아직 학교 소유가 아니니 사용하지 말라며 강제로 제지하였다. 체육 교사는 축구를 해도 무방하다고 했기에 학생들은 다시 경기를 시작했지만, 그 순사는 다시 명령조로 중지를 요구하였다. 더구나 그는 운동장 한쪽에서 공공연히 방뇨까지 하였다. 이에 동기생들은 "신성한 운동장에서 어찌 이런 일이 있을 수 있느냐"며 그를 '오줌싸개 순사'라 부르고 집단으로 수업 거부에 들어갔다.

일본인 교사가 수업을 시작하기에 앞서 조선사람 엿장수를 두고 야만적이라고 비하하는 발언을 하였다. 이에 학생들은 "당신과 같은 선생은 야만인이나 가르쳐라!"라고 맞서며, 모두 책보를 싸서 퇴교하고 수업 거부에 돌입하였다.

한 학생이 귀가하던 길에 전신주 위에서 일하던 친척과 말을 나누자, 전신주 아래에 있던 일본인 전기회사 직원이 이를 보고 조롱하며 야유한 일이 있었다. 이를 참지 못한 학생들이 그 일본인 직원을 집단으로 몰아붙이며 폭행하였고, 사건이 확대되자 학생들은 다시 동맹휴학으로 대응하였다.

1926~1927년의 공주의 민족운동 상황

1927년 2월, 경성에서 신간회가 창립됐다. 일제의 통제 아래에서도 공개적 활동을 모색하기 위한 합법 단체였다. 신간회는 조선의 자주와 독립을 도모하는 민족운동의 새로운 결집체로서 사회주의·민주주의·민족주의 세력이 손을 맞잡은 결과였다.

그 배경을 살펴보자. 1925년 일본은 보통선거 제도를 도입, 귀족이 아닌 일반 민중에게도 의회 진출의 길이 열렸고 사회주의 세력의 합법적 정치 참여도 가능해졌다. 조선 내에서도 '이제는 의회 안에서 조선의 권리를 주장할 수 있다'는 기대가 피어올랐다. 이 같은 시대적 흐름 속에서 서로 다른 이념과 세력이 모여 만들어낸 단체가 바로 신간회였다. 회장에 이상재를 선출한 신간회는 민족운동 세력의 폭넓은 지지를 받았다.

공주에서도 1927년 9월 신간회 공주지회가 결성되었

다. 1925년 11월 결성된 '공주청년회'가 주된 세력이었다. 회장은 유정현(柳靖鉉), 부회장은 서덕순(徐悳淳, 1892-1969)이었다. 1931년 5월 해소될 때까지 신간회 공주지회는 공주지역의 여러 현안에 대해 적극적인 목소리를 내며 대처했다. 재만동포 피압대책 강구, 부정형기를 사용한 소작료 과다징수 사건, 우성수리조합 설립 진상조사, 관북지방 홍수 이재민 돕기 모금 등이었다.

공주청년회의 전신은 1919년 7월경 설립한 공주청년수양회로, 지역의 청년 유지(자산가) 중심의 단체였다. 청년수양회는 1921년 3월부터 노동야학 강습회를 열어 한 번에 40여 명을 모아 교육했다. 이런 형태의 야학이 공주지역에 활성화되면서 1929년경에 13개 야학이 43명의 교사를 두고 723명의 학생을 가르쳤다고 한다. 수양회는 연극 공연과 축구·정구 등 체육대회를 개최하기도 했다. 1923년 1월 전국적인 민립대학 설립운동에 참여해 민립대학설립기성회 공주지방부를 조직했다.

1925년부터 사회주의 계열의 혁신운동이 일어나 공주청년회로 조직을 키우고 활발히 활동했다. 공주청년회는 1927년 6-7월 학내의 민족차별 시정을 위해 일어난 공주고보 동맹휴학을 응원하며 학부형회의 미온적인 역할에 경고문을 보내는 등 적극적으로 대응했다. 이에 윤귀영, 정용산, 안병두 등이 일경에 체포되었다. 1929년 7월 윤귀영이 집행위원장으로 선출되었지만 이후 일제의 탄압으로 활동이 위축되었다. 1932년 3월 안병두 등의 적색비밀결사 사건을 계기로 공주청년회는 해체 상태에 이르렀다.

'공주소년동맹'은 공주청년회의 형제단체를 표방하며 1928년 3월 창립되었다. 윤귀영, 안병두가 집행위원장을 이어 맡아 회보 발간, 회원 교양, 어린이날 행사 추진, 조혼 폐지 등의 활동을 벌였으나 일제 경찰은 아예 집회를 금지해 활동에 어려움을 겪었다.

1927년 이철하 사건과 동맹휴학

1926년 12월 25일에 일왕 다이쇼(大正, 1879-1926)가 죽었다. 공주고보에서도 추모식이 열렸다. 학교측은 특히 학생들에게 검정색 추모 완장을 차도록 지시했다. 하지만 고보의 조선인 학생들은 조선식 상복을 입고 등교했다. 사실상 반일 시위였다. 학교측에서는 주동학생들을 찾아내 무자비하게 폭행하고 이후 학생지도를 더욱 엄격하게 옥죄었다. 이철하의 항의서 제출에는 이러한 조선인 학생 차별과 강압에 원인이 있었다.

1927년 6월 26일, 공주고보에서 일본인 교장의 이철하(4학년) 폭행 사건이 발생했다. 당시 교장(초대 교장 가자하야風早에 이어 1925년 4월 에가시라江頭가 부임)인 에가시라는 조선사람을 무시하는 차별적 언사를 일삼아 악명이 높았다. 이에 이철하는 교장의 반성을 촉구하는 항의 글을 교장에게 보내 시정을 촉구한 것이다. 교장은 이철하의 항의문을 문제 삼아 26일 밤, 그를 교내에서 폭행하고 퇴학 처분까지 내렸다.

이철하에 대한 교장의 가혹한 처분이 알려지자 학생들 사이에서는 분노가 폭발했다.

7월 2일, 4학년 학생 50여 명은 모두의 이름을 적은 진정서를 학교측에 제출하고 동맹휴학에 들어갔다. 학교는 기숙사 학생 일부를 강제로 등교시켜 수업을 진행하려 했으나 실패했다. 학생들이 학교에 요구한 사항은 여섯 가지였다.

1. 학생 퇴학을 함부로 하지 말 것
2. 교장의 부당한 언행을 반성할 것
3. 일본인 교사 마쓰이(松井)를 사직시킬 것
4. 이이오카(飯岡) 교사의 태도를 시정할 것
5. 사시다(指田) 교사의 학생에 대한 차별적 처사를 중단할 것
6. 교사(교실) 및 이화학실 건축을 조속히 완료할 것

학생들은 "요구가 받아들여지지 않으면 교장은 사임하

라"고 최후통첩하며, 7월 13일까지 해결을 요구하며 그때까지 휴교를 결의했다. 또한 만약 동맹휴교 과정에서 불이익과 희생을 당하는 학생이 있더라도 끝까지 함께하기로 결의했다.

7월 3일, 놀란 학부모들이 모였다. 학생대표들이 이 자리에 참석해 동맹휴교를 하는 이유와 요구사항을 설명했다. 학부형회는 자신들이 책임지고 진상을 파악한 뒤 원만히 해결하겠다고 학생들에게 동맹휴교 중단과 즉각 등교를 촉구했다.

7월 5일, 이들은 다시 만났다. 학부모들이 학생들의 요구사항을 해결하겠다면서 학생들의 등교를 재차 촉구하자 이날 오후에 학생들이 동맹휴교를 중단하고 등교했다.

학부형회는 학교당국과 교섭하기 위해 3명의 위원을 선정했다. 다가오는 7월 17일, 타지에 사는 학부형들까지 모아 동맹휴교 문제를 해결하기 위한 학부형대회를 개최하기로 결정했다.

7월 6일, 학교측은 학생들이 등교하자 주동자 2명(4학년)을 퇴학 조치했다. 학생들은 학부형회를 방문해 항의하고 사태의 해결을 촉구했다. 학부형회는 학교측과 교섭을 벌였으나 아무런 성과도 없었다. 학교당국은 더없이 강경했다. 퇴학 조치가 추가로 이어졌다.

이때 공주청년회는 공주고보 학생들이 동맹휴교를 중

공주고보 학생들이 신문·잡지를 읽는 모습. '天下雖安 亡戰必危(천하가 비록 태평할지라도 전쟁을 잊으면 반드시 위기가 온다)' 문구가 벽에 걸려 있다.

단하고 등교한 이후 학생들이 계속 퇴학을 당하자 학부형회의 무능과 학교측의 학생들에 대한 강압 일변도를 비판하는 경고문을 발표하고 학부형회에 발송했다. 공주청년회는 학부형회의 학교측과의 유착 의혹을 제기하고 이 사태를 해결하겠다는 결의를 보였다. 하지만 일제 경찰은 공주청년회의 개입을 처벌하겠다는 엄포를 놓고 관련 집회도 금지했다.

이철하의 항의서한으로부터 시작된 1927년 6~7월 공주고보 동맹휴교는 모두 14명의 학생 지도자들이 퇴학 처분을 받고 학교를 떠나는 것으로 끝나고 말았다. 그들이 요구한 사항들은 하나도 이행되지 않았다.

경찰 조사받던 한흥손의 사망 사건

1927년 7월, 이른바 '이철하 사건'으로 촉발된 동맹휴학 과정에서 여러 학생이 경찰에 체포되어 끌려갔고, 그중 4회 입학생인 3학년생 한흥손이 비극의 희생양이 되었다. 그는 이철하의 1년 후배였다. 한흥손은 공주경찰서 유치장에 수감된 지 며칠 만에 숨진 채 발견됐다. 경찰의 공식 발표는 '병사(病死)'였지만, 학생들은 아무도 믿지 않았다.

학생들의 증언에 따르면, 한흥손은 '이 아무개'로 불린 악명 높은 형사에게 잔혹한 구타와 고문을 당했다. 시신은 부검을 위해 도립의원인 자혜의원 지하실로 옮겨졌고,

학생들은 경찰의 조작을 우려해 교대로 병원 앞을 지켰다. 그러나 부검 결과는 "고문에 의한 사망이 아니다"라는 결론이었다. 분노한 학생들은 이를 은폐로 간주하고 항의의 불길을 더욱 키웠다.

공주고보생들의 저항은 거세졌다. 동맹휴학, 교원 배척, 교내 시위, 차별교육 반대, 시험 백지 동맹까지 이어졌다. 조금이라도 앞장선 학생은 즉각 퇴학을 당했지만, 항일의 불씨는 꺼지지 않았다. 일본인 상점 불매운동과 단체 항의는 그들의 일상이었다.

당당히 항의의 목소리를 냈던 이철하

이철하는 1909년 공주군 주외면 신기리 효포에서 태어났다. 전주 이씨 덕천군파의 비교적 유복한 집안에서 자랐다. 이철하는 공주고보에 1924년에 입학, 1927년 당시 4학년(3회)이었다. 3학년 때에는 순종의 별세를 맞아 공산성 쌍수정에서 북향 망곡의식에 참석했고 인산일인 6월 10일에는 전국적인 애도행사에 함께했다.

이철하는 1927년 7월 2일부터 6일까지 이어진 공주고보 조선인 학생들의 동맹휴교의 도화선이 되었다. 학교측은 이철하에게 가혹하게 폭력을 가하고 퇴학처분을 했다. 이철하는 동맹휴학으로 고보생들의 결기를 확인한 후 공주를 떠나 경성에서 학업과 실천운동을 이어가고자 했다. 그

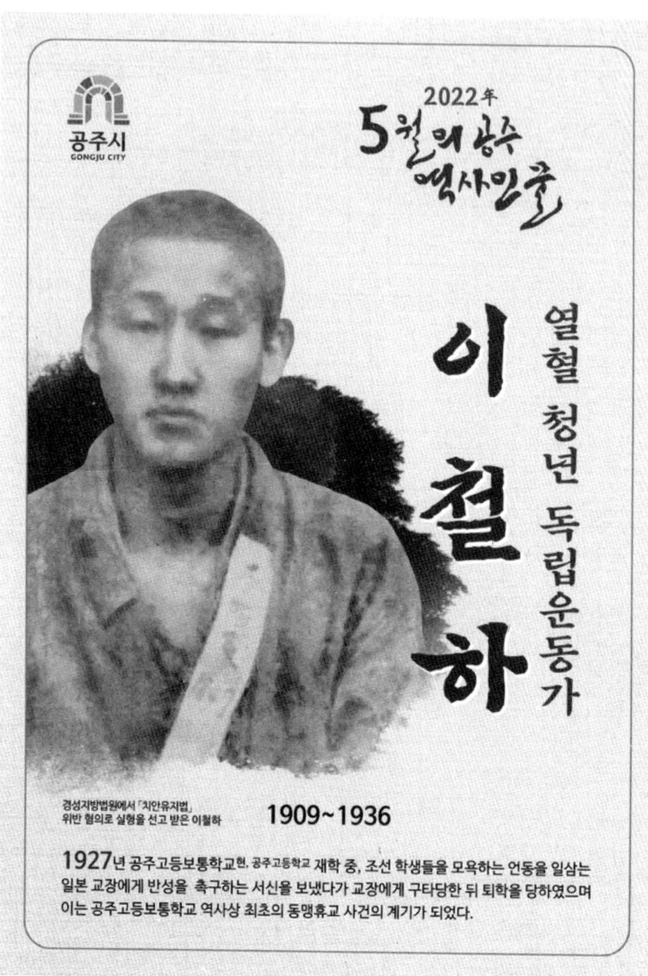

이철하가 2022년 5월 공주시에서 선정한 '이달의 공주 역사인물'로 기려졌다.

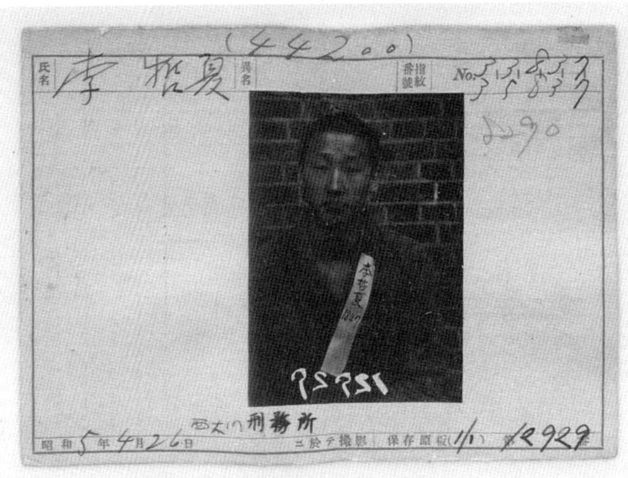
(44200)

氏名 李哲夏 | 別名 | 指紋番號 No.

西大門刑務所

昭和5年4月26日 ニ於テ撮影 保存原版 12929

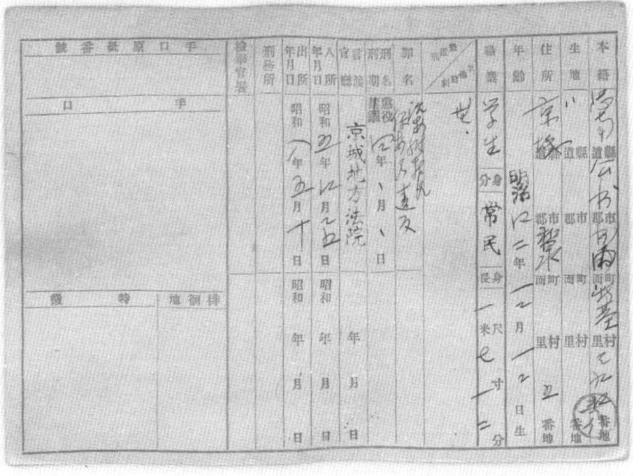
本籍 | 生地 | 住所 京城 | 年齡 | 職業 學生 | 身分 常民 | 身長 | 罪名 治安維持法違反 | 刑名刑期 懲役 | 言渡官廳 京城地方法院 | 入所年月日 昭和 年 月 日 | 出所年月日 昭和 年 月 日 | 刑務所 | 檢事官署

口手 | 特徵

서대문형무소에서 작성된 이철하의 수형기록카드. 4년의 옥고를 치르고 석방된 지 3년 만에 27세의 나이로 요절하였다.

는 배재고보로 편입했다가 이어 중동학교에 편입학했다.

폐교 위기에 있던 중동학교를 1915년에 인수하고 교장으로 취임한 최규동은 민족주의자였다. 학생들에게 민족정신을 고취하는 교풍의 중동학교에서 이철하는 '조선학생과학연구회' 간부(조사연구부장)로 활동하며 강연회와 독서회를 주도했다. 그러나 이 활동이 일제의 감시망에 걸려 1928년 11월 체포되어 이른바 'ㄱ당 사건'의 주요 관련자가 되었다.

판결문에 따르면 이철하는 1928년 2월 배재고보 한병선 등과 함께 서울시내의 공·사립 중등학교 학생 대표들로 비밀결사 'ㄱ당(黨)'을 결성하였다고 한다. 이후 지방으로의 조직 확산을 도모하다가 같은 해 11월, 다른 11명의 간부진과 함께 체포되고 말았다.

이철하는 1930년 4월 치안유지법 위반 혐의로 징역 4년을 선고받아 서대문형무소에서 복역했다. 1933년 5월 만기 출옥한 그는 충북 청주에 자리잡고 조선중앙일보(사장 여운형) 지국을 운영했지만, 옥고의 후유증으로 1936년 9월, 27세의 나이에 요절했다.

6·10만세운동의 설계자, 조선학생과학연구회

1926년 6월 10일, 순종의 인산일에 맞춰 터져 나온 만세시위는 흔히 '자연발생적 항일 시위'로 설명된다. 그러나 그 이면에는 치밀한 준비와 조직이 있었다. 그 중심에 조선학생과학연구회가 있었다.

조선학생과학연구회는 학생 비밀결사였다. 이들은 사회과학·역사·국제 정세를 공부하며, 3·1운동 이후 침체돼 있던 항일 학생운동을 다시 일으키고자 했다.

이 연구회에는 중등학교, 전문학교와 사범학교 학생들이 참여했다. 활동은 철저히 비밀리에 이루어졌다. 독서회와 토론 모임이 중심이었고, 때로는 유인물을 만들어 다른 학생 조직과 연락을 주고받으며 연대의 가능성을 모색했다.

6·10 순종 인산일을 앞두고 조선학생과학연구회 계열 학생들은 경성 일대 중등·전문학교를 잇는 연락망을 구축하고, 격문 문안과 구호를 정리하고 인쇄해 배포했으며, 추모 행렬이 항일 시위로 전환되는 시간과 방식을 설계했다. 무모한 충돌을 피하고 최대한 많은 군중을 참여시키려는 전략이었다. 그 결과 6·10만세운동은 학생이 주도하고 시민이 호응해 전국적으로 10만 명 안팎이 참여한 대규모 시위로 커졌다.

서울지역은 6월 10일 당일 창덕궁 돈화문을 출발하여 남양주 금곡까지 가는 순종의 장의행렬이 지나는 종로 3가-관수교-청계천-훈련원-흥인문(동대문)-동묘 일대가 만세시위의 주무대였다. 만세시위는 평양, 대구, 광주, 전주,

개성 등에서 연쇄적으로 일어났다.

시위 직후 일제는 배후를 추적하며 대대적인 검거에 나섰다. 이 과정에서 조선학생과학연구회와 연계된 학생 지도부가 체포돼 재판에 넘겨졌다. 연구회의 핵심 인물로 거론되던 이관술, 김단야 등이 치안유지법 위반 혐의로 구속·기소됐고, 이철하를 비롯해 체포된 학생 다수가 징역형이나 집행유예 처분을 받았다. 조선학생과학연구회의 유산은 이후 1929년 광주학생운동으로 이어진다.

1929년 광주학생독립운동과 동맹휴학

1928년 4월 전남 광주에서는 1927년 6월 공주고보 이철하 사건과 유사한 사건이 일어난다.

4월 12일 새벽, 전라남도 광주 시내 곳곳에 정체불명의 전단이 나붙었다. 그 안에는 "무산계급의 결사적 단결", "자본주의 사회 파괴", "지배계급 타도"라는 도발적인 문구가 적혀 있었다. 곧바로 일경의 수사가 시작돼 광주고등보통학교 5학년 이경채를 비롯한 다섯 명의 청년이 용의선상에 올랐다. 6월 8일, 이경채가 체포되자 학교는 그를 즉시 퇴학시켰다. 그러나 학생들은 침묵하지 않았다.

6월 22일, "이경채의 퇴학 이유를 밝히라!"며 5학년 학생들이 학교에 요구서를 제출했다. 4일 뒤인 6월 26일, 2학년부터 5학년까지 학생들 대부분이 일제히 교정을 떠나 동맹휴학에 돌입했다.

학생들의 요구는 명료했다. “조선인 본위의 교육을 실시하라. 조선인 교원을 채용하라. 조선의 역사와 말을 가르쳐라.” 그러나 학교 측은 다음날, 맹휴를 주도한 정동하 등 27명을 퇴학시키고 281명에게 무기정학 처분을 내렸다. 이후 이경채에게는 징역 1년 6개월, 정동하에게는 징역 10개월이 선고됐다.

이로부터 1년 후 일어난 광주학생항일운동은 1929년 11월 3일 전라남도 광주에서 시작해 이듬해 3월까지 전국에서 벌어졌다. 3·1운동 이후 최대 규모이자 일제강점기 최후의 전국적 항일운동이다.

광주고보는 공주고보와 같은 1922년에 개교하였다. 충청남도에 일본인을 위한 대전중학교가 있었던 것처럼 전라남도에는 광주중학교가 있었다. 조선인들이 다니던 광주고등보통학교와 일본인들이 다니던 광주중학교와의 야구 시합이 있을 때마다 일본인 심판은 대놓고 일본인 학생들에게 유리하도록 편파적으로 진행했다. 이에 광주고보 학생들은 심판에게 항의하고 받아들여지지 않자 수업 거부와 동맹휴학을 단행했다. 학교에서는 주모자 4명을 퇴학시켰다. 그런 와중에 1928년 6월 광주고보 동맹휴학의 주모자 27명의 학생을 무더기로 퇴학시킨 여파로 광주 학생들의 저항의식이 끓어오르기 시작했다.

1929년 광주학생항일운동은 통학생들 사이에서의 마찰이 기폭제가 되었다. 당시 광주중학생과 광주고보생 중 일부는 광주-목포행 열차를 이용했는데 민족감정으로 사이가 좋지 않았기 때문에 여러 가지 충돌이 발생했다. 1929년 10월 30일 광주에서 나주로 가는 하교길 통학열차 안에서 일어난 광주고보 학생들과 광주중학교 학생들의 충돌이 전체 학생들 간의 패싸움으로 확산되었다.

11월 3일은 음력 10월 3일 개천절이면서 메이지 유신을 기념하는 명치절이 겹치는 일요일이었다. 일제는 학생들의 등교와 신사 참배를 요구했다. 하지만 광주고보 학생들은 명치절 기념식에서 기미가요 제창과 신사 참배를 거부했으며, 10월 30일에 있었던 학생들 간의 충돌을 편향되게 보도한 광주일보사에 찾아가 항의하다가 윤전기에 모래를 끼얹어 파손시켰다.

그러던 중 광주신사에 참배를 마치고 돌아가던 광주중 학생들과 광주고보 학생들 사이에 패싸움이 벌어졌는데, 그 와중에 조선인 학생 최상현이 칼로 찔리는 사건이 발생했다. 분노한 광주고보 학생들이 몰려가 충장로에서 광주중 학생들을 두들겨패면서 학교 간의 전면적인 패싸움으로 비화되었다. 광주중 학생 수백 명이 일본인 유도 교사의 인솔하에 야구방망이 등으로 무장하고 광주역에서 하교하는 조선인 학생들을 공격했고, 광주고보생들도 맞

대응해 온 시내가 싸움판이 되었다.

이내 싸움은 두 학교 이상으로 확대되었다. 광주 시내 각 학교 학생들도 동참해 광주고보, 광주농고, 전남공립사범학교 학생들은 괭이자루나 목검 등으로 무장하고 오후 2시경부터 행진가를 부르며 시내로 진출했다. 시위대는 '조선독립 만세' '식민지 노예교육 철폐' '일제 타도' 등의 구호를 외치고 애국가와 응원가를 부르며 광주중학교로 향했다. 일본 경찰이 소방대와 재향군인들을 동원해 학생시위대를 막자 충장로로 방향을 틀었다.

전남도청에 이르자 전남공립사범학교 학생들을 비롯해 광주여고보와 수피아여고 학생들에 성인 시민들까지 시위대에 합류했다. 3만여 명에 이른 시위대는 도립병원 광장까지 진출했으나 경찰의 저지로 방향을 돌려 광주천변을 행진하다가 해산했다.

이 시위로 학생 75명이 체포되고, 각 학교에 11월 9일까지 임시 휴교 처분이 내려졌다. 조선총독부 학무국장은 이 일이 전국으로 번지지 않도록 각각 학내 움직임을 봉쇄할 것을 학교장들에게 지시했다.

11월 10일, 임시 휴교 후 다시 등교한 광주고보 학생들은 체포된 학생들의 석방을 요구하는 시위를 하기로 했다. 이들은 체포 학생들의 석방, 식민지 교육 폐지, 교내에 경찰관 출입 금지, 언론·출판·결사·집회의 자유 보장 등을 요구하는 전단을 제작했다.

광주 장날인 11월 12일, 광주고보 학생들이 거리에 전단을 뿌리며 시위를 벌이자 광주농업학교에서도 시위에 참여하였다. 학생들과 수많은 시민들이 다시 나와 대규모 시위를 벌였다. 시위 현장에서 경찰은 광주고보 학생 300여 명, 광주농업학교 학생 100여 명을 체포했다. 시위에 참여한 학생들은 전부 무기정학, 학교는 무기 휴교 조치로 문을 닫았다. 또한 신문에 관련 기사를 싣지 못하게 언론을 탄압하였다.

12월 3일, 서울의 각 학교에 광주 학생들의 시위 전말을 담고 항일투쟁에 동참을 호소하는 격문이 뿌려졌다. 경찰의 조사 끝에 주동자들이 잡혀갔지만 12월 9일부터 서울지역 학교들의 시위가 시작되었다. 12월 9일, 경신학교 300여 명, 보성고보 400여 명, 중앙고보 700여 명, 휘문고보 400여 명, 협성실업학교 150여 명이 시위에 참가하여 이날 하루에만 1,200여 명의 학생들이 시위현장에서 경찰에 체포되었다. 12월 13일까지 이어진 시위로 서울지역에서만 1만2천여 명의 학생들이 시위와 동맹휴학에 참여하였다.

학생들의 시위는 해를 넘겨서까지 계속되었다. 1929년 11월부터 1930년 3월까지 전국 320여 개 학교에서 5만 4천여 명의 학생들이 광주학생운동에 참여했다. 이로 인해 1,462명이 퇴학 처분되고, 3천여 명이 무기정학 처분을 받았다.

1929년 공주고보의 학생독립운동

1929년 11월 3일 전남 광주에서 있었던 학생들의 대규모 항일시위 소식이 공주에 전해진 것은 11월 중순이었다. 공주고보 교정도 술렁였다. 교장과 일본인 교사들의 차별과 폭압에 눌려 있던 학생들의 분노가 화약에 불씨가 당겨지기만을 기다리는 형국이었다.

공주고보 2·3·4학년생들이 중심이 되어 비밀리에 모이기 시작했다. 4학년(5회) 나관종·이관세·나승갑·백낙순·김기혁·윤상원·김제능, 3학년(6회) 이상돈·김송규, 2학년(7회) 유종호 등이 주동이었다. 김송규의 집이 주된 연락소였다. 이들은 야간에 금강백사장과 교동 너머 공동묘지, 곰나루 솔밭, 중동의 얼음창고 뒤편 같은 변두리에서 은밀히 회합했다. 경찰의 감시를 피하기 위해, 한 명은 매복해서 감시하고 경찰 접근 신호가 있으면 모두 차가운 강물 속으로 뛰어들어 몸을 숨겼다.

1929년 12월 공주고보 학생시위에 불을 당긴 것은 일본인 교사의 부당한 처사였다. 1927년 부임한 일본인 교사 가루베 지온(輕部慈恩)이 학생 8명을 데리고 충청남도 경찰부장 야노를 방문한 것이었다. 고보 학생들을 경찰의 첩자로 삼으려는 것이 아니냐는 말이 나왔다. 그동안 학교 당국과 일본인 교사들의 부당한 행태에 대해 누적된 불만이 폭발 직전으로 한껏 부풀어 올랐다.

동맹휴학의 주동 인물은 당시 4학년 이관세였다. 그는 평소 친분이 있던 윤귀영(공주청년회 집행위원장)을 만나 공주고보 동맹휴교에 대해 의견을 나누었다. 윤귀영은 적극 지지하고 격려하는 입장을 나타냈다. 윤귀영은 공주고보를 중퇴한 선배였다.

1929년 12월 1일, 이관세는 자기와 같은 4학년 학생들을 산성공원 웅심각에 불러 모았다. 이 자리에서 동맹휴교를 결의하고 구체적인 방법과 역할을 결정하였다.

이튿날인 12월 2일, 공주보고 2, 3, 4학년 2백여 명이 일제히 동맹휴교를 단행했다. 학생들은 6개 항의 요구사항을 내세웠다.

1. 일본인 교사 가루베는 사퇴하라.
2. 학교 당국은 학부모에 대한 태도를 신중히 하라.
3. 조선인 학생과 일본인 학생의 차별을 없애고 공평하게 대우하라.
4. 학생 처벌을 경솔하게 처리하지 말고 학부모를 호출하지 말라.
5. 학생들에게 언론의 자유를 보장하라.

6. 도서관에 조선어 잡지를 확충하라 등이었다.

동맹휴학 이틀째인 12월 3일 학부모 30여 명이 모여 학생들에게 대화를 요구했다. 학생들은 거부했다. 1927년 7월 동맹휴교 때 학부모들이 중재에 나섰지만 아무런 성과도 없이 학생들만 희생된 점을 교훈으로 삼아 학부모회를 신뢰할 수 없었기 때문이다.

12월 5일자 〈조선일보〉는 다음과 같이 공주의 움직임을 보도하였다.

맹휴한 공주고보생 학무당국에도 진정

학교에 제출한 것과 같은 조건

학교, 학생이 모두 지구전

충남 공주고보 2·3·4학년 일동이 지난 2일 아침부터 여섯 개의 요구 조건을 제출하고 동맹휴학을 단행하였다 함은 이미 보도한 바와 같거니와, 동맹휴학을 한 학생 측에서는 다시 학교 당국에 제출한 요구 조건과 같은 진정서를 충청남도 학무과에도 제출하였다 한다. 지난 3일 정오경에는 충남도 학무과장이 자동차로 공주고보에 출두하여 와서 비밀리에 모임을 하는 등 자못 학교 안팎은 연일 소란 중이다. 학교장의 의견을 들어보면 아직 구체적인 방침은 정하지 않았으나 대체로 요구 조건이 온당하지 않을 뿐 아니라 몇몇 분자의 선동이라 하면서 학생들의 조건을 용인하지 않을 모양이다. 학생 측은 학생 측대로 더욱 결속을 든든히 하는 등 양측 모두 강경하여 이대로 지구전으로 나아갈 형세 같더라.

—1929년 12월 5일, 조선일보

동맹휴학 사흘째에는 전통적으로 맹휴에 참여하지 않던 5학년과 1학년까지 합세하였다. 나흘째인 12월 5일에는 학생들이 학부모들과 대화의 장에서 만났으나 어떠한 합의에도 도달하지 못했다. 학부모들의 설득 노력에도 학생들은 강경한 자세를 꺾지 않고 동맹휴교를 계속했다. 학교 당국은 학생들의 집으로 전보를 보내 학생들이 기숙사를 탈출해서 행방을 알 수 없다고 속여, 먼 곳에 살고 있는 학부모들까지 학교에 오도록 만들었다.

12월 7일자 〈동아일보〉는 '조정도 수포, 학부형회 소집'이라는 제목으로 다음과 같이 전했다.

조정도 수포, 학부형회 소집

이미 보도한 지난 2일의 충남공주고보의 학생 동맹휴학이 일어난 당일부터 지역에 거주하는 모모 학부형은 출동하여, 학생들을 덮어놓고 등교시키고자 자녀들에게 강제로 책보를 들려 앞세우고 학교에 가서 등교를 시켰으나 학생들은 퇴교하여 여전히 공부를 하지 않고 동맹휴학을 진행했다.

그 학부형들은 하는 수 없이 문제를 해결치 못하자 지난 3일 오후 4시부터 학교 대강당에 30여 명이 회합하여 학생들과 같이 문제를 토의하여 해결하고자 학생들을 청했으나, 학생들은 지역 학부형들의 처사를 신임할 수 없다며 회답까지 거절하였다. 학부형회에서는 문제가 단순치 않아 해결할 수 없다고 오는 10일 대회를 열어 문제를 해결하자고 가결하고, 각 학부형에게 소집 통지를 보냈다더라.

—1929년 12월 7일, 동아일보

12월 7일, 학부모들이 학생들을 강압적으로 등교하게 했다. 학교 측도 기숙사에서 생활하던 학생 40여 명을 학교 밖으로 나가지 못하게 막았다. 학생들은 요구사항이 이뤄지지 않으면 등교와 수업을 하지 않겠다는 입장을 다시 확인했다. 하지만 1주일 가까이 지속된 동맹휴교를 언제까지 지속할 수는 없다는 판단 아래 12월 8일까지 동맹휴교를 계속하되 9일부터 등교하기로 결정했다.

일제 경찰은 주모자를 체포하기 시작했다. 경찰은 영하 17도에 이르는 혹한 속에서도 주야로 은밀한 수사를 이어가다가 1월 6일 대대적인 검거 활동을 벌였다. 맹휴 사건의 주모자로 처분을 받았다가 1차로 석방되었던 이관세를 홍성 본가에서 다시 호송해 취조하였고, 석방되었던 안병두 역시 재차 검거하였다. 나병갑, 나상도, 나인종, 김기혁, 백낙순 등 고보 학생 6명이 동맹휴교를 주동했다는 혐의로 구금되었다. 학교는 이들을 즉시 퇴학시켰다.

이 과정에서 조선일보 공주지국장이자 공주청년회 집행위원장이던 윤귀영을 비롯해 집행위원 정용산 등을 검거하고 여러 서류와 서적을 압수하였다.

이듬해인 〈조선일보〉 1930년 1월 9일자 보도는 '공주 맹휴 사건으로 각 단체 간부 검거'라는 제목으로 사태의 후속 전개 상황을 전하고 있다.

공주 맹휴 사건으로 각 단체 간부 검거

주모 학생을 검거, 취조 동시에

서류 얼마도 압수

충남 공주 학생사건이 돌발하자 읍내 각 학교에서 연속적으로 발생하였다 함은 여러 번 보도한 바 있거니와 이에 대하여 공주경찰서에서는 그 후에 선동자를 조사하기 위하여 각 학교의 주모자 학생을 검거 취조하며, 한편으로 공주소년동맹 집행위원장 안병두를 위시하여 각 집행위원의 자택을 수색하고 집행위원장 외에 위원 여러 명을 검거 취조하였다. 이런 중에 다시 공주 영명학교 교원 여러 명을 검거하고, 한편으로는 공주고보 맹휴사건의 주모자로서 처분을 받고 일차 석방하였던 홍성이 본가인 이관세를 홍성으로부터 다시 호송하고, 소년동맹 집행위원장 안병두 씨도 재차 검거하였다는 것도 여러 번 보도한 바와 같다. 이와 같이 공주경찰서에서는 길게 내리는 장마와 갑자기 닥친 영하 17도에 이르는 추위에도 불구하고 주야를 가리지 않고 꾸준하게 계속적으로 조사활동하여 오던 끝에, 지난 6일 오후 2시부터 공주경찰부와 경찰서에서는 연합 대활동을 갑자기 개시하여 대여섯 무리로 나누어가지고 공주청년회 집행위원장인 윤귀영 본보 공주지국장을 비롯하여 각 집행위원의 집을 엄중히 장시간 수색하였다. 그 결과 별로 압수한 것은 없으나 몇 가지의 서적과 서류 등을 압수하여 가지고 윤귀영 씨와 집행위원 정용산 두 사람을 검거하였다. 이에 대하여 자세한 바는 비밀에 부치므로 아직 모르겠으나 여러 가지 종합하여 들은 바에 의하면 윤귀영 씨는 지난번 고보 맹휴사건에 책동을 하지 않았는가 하는 혐의를 받아오던 중 이관세를 재차 검속하여 엄중한 취조가 있은 후 다시 검거하였던 안병두와 몇 사람을 석방하며 한편 그와 같이 돌연히 대활동을 한 것이라는데, 이관세를 다시 심문한 결과 몇 가지의 증거를 얻어 윤귀영 씨를 검거하고 각처를 수색한 듯하며, 정용산 씨는 당시에는 여행 중이었으므로 별로 다른 혐의는 없었으나 일전에 돌아왔다는 말을 듣고 뒷일을 염려하고 경계하기 위하여 그와 같이 검거를 미리 한 듯하다 하며, 같은 날 자정 즈음에 그날 같이 수색을 했던 김진철 씨의 집에 형사 여러 명이 방문하여 차가운 밤에 곤히 잠들었던 그는 경찰서의 호출을 만나 윤귀영 씨의 증거심문을 당하고 2시경 에 나왔다더라.

—1930년 1월 9일, 조선일보

경찰의 조사결과 안병두 등은 맹휴의 배후로 지목되었으나 대부분 증거 불충분으로 석방됐다. 하지만 이관세와 윤귀영은 1930년 3월 보안법 위반으로 재판을 받아 각각 징역 6월에 집행유예 2년을 선고받았다.

'백지 동맹'을 불러온 '국사' 시험

일제강점기 조선총독부의 교육 정책은 식민 지배를 정당화하기 위한 사상 통제였다. 그 핵심 수단이 바로 국사(일본사) 교육이었다. 조선총독부는 조선어와 조선사를 학교 교육에서 밀어내고 일본어와 일본사를 필수 과목으로 강요했다.

일본사 교육에서 강조한 핵심 내용은 첫째, 천황 중심의 역사관이다. 일본 역사는 '만세일계(萬世一系)'라는 개념 아래, 천황이 신의 혈통을 이어받아 한 번도 끊어진 적 없이 일본을 지배해왔다는 서사로 구성되었다.

둘째, 야마토 정신의 강조다. 일본 민족은 본래 충성심이 강하고, 인내와 희생을 미덕으로 삼으며, 국가를 위해 개인을 기꺼이 바치는 민족이라는 관념이다. 전쟁과 침략

공주고보 학생들의 체조 장면. 1924년 6월 14일 교사 신축 이전 직후 이를 기념하기 위해 만든 사진엽서의 장면이다. 사진 왼편에 흰색 제복을 입고 혼자 서있는 사람은 군인이다. 일찍부터 학생들의 행사에 일상적으로 군인들이 관여했음을 유추할 수 있다.

을 정당화하는 정신적 토대였다.

셋째, 침략을 미화하고 식민 지배를 정당화했다. 조선은 스스로 근대화할 능력이 없었고 일본의 지배 덕분에 발전했다는 논리가 반복되었다. 이는 조선의 저항과 독립운동을 '불온하고 비이성적인 행동'으로 낙인찍기 위한 것이었다.

넷째, 조선사와 한반도 역사의 축소·왜곡이다. '고대 한반도는 일본의 영향을 받아 발전했다'는 식의 설명이 반복되었고 조선 민족의 주체성과 역사적 연속성은 애써 지웠다.

이러한 일본사 교육의 궁극적 목적은 조선인이 자신의 역사와 언어, 정체성을 잊고 일본 제국의 시각으로 세계를 바라보도록 만드는 것이었다. 즉, 정신의 식민화였다. 그래서 일본 제국주의 교육은 역사 교육을 가장 중요한 수단으로 삼았고, 그 결과 조선의 학생들은 학교에서조차 자기 민족의 이야기를 배울 수 없었다.

당시 공주고보 학생들의 반일 감정은 교실 안팎에서 터져 나왔다. 일본사 수업은 학생들이 가장 싫어하던 과목이었다. 7회 윤 아무개 학생은 국사 시험 때 시험지에 이름만 쓰고 "취미 취미 무취미 일본 역사"라 적은 채 백지 답안을 냈다. 이 학생은 정학 처분을 받았다.

학급 전체가 백지를 제출해 파장을 일으키며 정학과 퇴학 사태로 번진 사건도 있었다.

공주고보생 백지로 답안

공주고보 제1학년 제1조 5십여 명의 생도가 지난 4일과 5일의 양일간 성적시험에 백지 답안을 제출한 사실이 있어 학교 당국으로부터는 대경실색하여 즉시로 주모자 5명에게 출학 처분을 하였다 한다.

—1932년 3월 9일 〈동아일보〉

'공주고보 퇴학전출부'를 살펴보면, 이 시기에 1학년 5명이 한꺼번에 출학(퇴학) 처분된 사례는 확인되지 않는다. 1932년~1933년에 1학년 8명이 병이나 가사 사정, 또는 수업료 체납 등 각각 여러 사유로 퇴학 처분된 것이 확인된다. 위 동아일보 보도가 잘못되었든지, 아니면 퇴학이 아닌 정학 등으로 처분이 경감되었을 가능성이 있다.

'백지 답안'은 동맹휴학처럼 크게 다루어지지 않아서 사건의 전모가 잘 전해진 적은 별로 없다. 1930년 1월에 광주고보와 광주여고보 학생들이 등교 후 시험에서 '백지 답안'을 내는 '백지동맹'을 선보인 후 한동안 전국적으로 많이 활용되었던 방법인 것으로 보인다.

'배후조종자'라는 영광의 타이틀, 윤귀영

윤귀영은 1930년 3월 8일 공주지방법원에서 징역 6개월 집행유예 2년형을 받았다. 공주고보 학생들의 동맹휴학 사건을 배후조종한 혐의로 기소된 것이다. 광주학생의거를 기화로 공주고보 학생들이 일본인 교사의 조선인 차별 등에 문제 제기하며 맹휴에 돌입하려 할 때 여러 차례 그 주동자인 이관세 등과 함께 상의하고 그 모임 장소를 제공하였다고 한다.

판결문에 따르면 당시 25세로, 1905년에 출생한 것임을 알 수 있다. 본적은 공주군 공주면 본정(중동) 147번지이고, 직업은 서적·문구상으로 기재되어 있다.

윤귀영은 1924년 《개벽》 창간 5주년 문학작품 현상 공모에서 소설부문에 입상하였다. 윤귀영은 공주에서 1928년 2월에 문학동인지 《백웅》 창간호 발간을 주도하고 3월에 2호를 연이어 발간했다. 4월에 간행하고자 총독부에 원고 검열 신청까지 진행했던 3호는 어떤 이유에서인지 발행되지 못했다.

1927년 결성된 '한글연구회'에서 윤귀영은 서기로 선출되었다. 공주의 지식인들은 그해 11월 28일 서덕순의 집에서 한글연구회 창립총회를 개최한다. 바로 전해 서울에서 열린 한글 반포 8주갑(480년) 기념식과 '가갸날'(한글날) 제정에 따른 것이다. 윤귀영은 이어 《백웅》 발행의 준비와 원고 수집 및 편집 실무를 담당했다. 당시 그는 도서와 문구 판매를 하면서 공주의 시민단체 운동에 참여하고 있었다.

윤귀영은 공주고보를 중도에 그만둔 후 일간신문사 주재 기자, 지국장 등의 일을 하면서 여러 민간단체 활동에 관여했다. 1928년 4월에는 공주소년동맹 위원장으로서 어린이날 기념행사를 준비하다가 체포되어 구류 10일 처분을 받은 것을 비롯하여, 1930년에는 신간회 공주지부 대표 회원, 호서기자동맹 설치 준비위원, 공주청년회 집행위원장 등 여러 단체의 실무적인 일을 맡았다.

그는 일제 경찰에 여러 번 체포되어 조사를 받았다. 위에 언급한 사건 외에도 1932년 3월 공주고보와 영명여학교 격문 사건의 배후로 검거, 1933년 사회과학 서적 소지와 관련하여 논산·부여의 지식인 등 15인과 함께 검거 등의 신문 기사를 확인할 수 있다.

비밀결사에 참여한 정용산

'열혈 청년 시인' 정용산은 1907년 4월 17일에 공주군 계룡면 금대리 375번지에서 출생했다. 다른 이름은 우진(宇鎭)이다. 그는 공주공립보통학교를 졸업한 후 공주고보에 진학하여 공부하던 중 4학년 때 자퇴하였다. 그후 1928년 일본대학 법과에 입학했다가 1929년 6월 대학을 자퇴하고 귀국하여 공주에서 조선일보 기자로 활동하면서 그 지국장이었던 윤귀영 등과 함께 청년운동에 참여한다.

1930년에는 윤귀영, 안병두와 함께 '글벗두레'라는 비밀결사를 조직하고 불온서적을 소지했다는 혐의로 검거된 것을 비롯하여 공주청년회 집행위원으로 여러 차례 수사와 체포를 당한다. 그러던 중 경성으로 활동무대를 옮겼다.

서울에서 정용산은 사회주의 계열 인사들과 교류하면서 1931년에는 청복극장 회원으로 활동한다. 청복(靑服)은 노동자(블루칼라)를 뜻한다. 청복극장은 사회주의 계열 극단으로 김남천, 임화, 안막, 최승희 등이 핵심 회원이었다. 그 이후 그는 조선지광사에서 발간하는 월간 《신계단》의 편집에 관여하고 매월 시와 논설 등을 발표한다.

1933년 정용산은 적색 비밀결사 사건에 연루된 혐의로 종로경찰서에 체포되었다. 경성제국대학 교수였던 미야케 시카노스케가 주도한 이른바 '조선공산당 재건 사건'이다. 여기에 연루된 지식인, 학생, 노동자, 농민 등 모두 120여 명 중 정용산을 포함한 34명이 기소되어 공판에 회부되었다. 1935년 12월, 정용산은 치안유지법 위반으로 징역 1년 6개월에 3년 집행유예를 선고받아 석방되었다.

공주고보 일어 교사 가루베 지온

가루베 지온은 1927년 1월 공주고보 교사로 부임했다. 공주고보 제1회 입학생들의 졸업이 있던 해이다. 가루베는 와세다대 국어·한학과를 졸업하고 평양의 숭실전문학교를 거쳐 공주고보에서 1940년까지 일본어와 한문을 가르쳤다. 당시 일제는 역사유적이 많이 분포한 평양과 경주, 부여에 발굴을 집중했고 공주의 백제유적에는 관심이 적었다. 우연히도 가루베가 공주에 온 직후 아이들에 의해 송산리고분군의 일부가 발견되자 가루베는 송산리를 비롯한 공주지역 곳곳을 다니며 1천여 기의 고분을 제멋대로 조사하고 다녔다.

가루베 교사가 주도해 1930년 3월 공주고보에 개관한 '향토실'. 충청남도의 향토유물을 전시했으나 1951년 화재로 소실되었다.

가루베는 자신이 모은 자료들을 포함해 1930년 3월, 공주고보에 '향토실'을 마련해 충청남도의 사료, 백제 토기·와당 등 고미술 자료와 탁본·사진 등을 전시하기 시작했고, 학생들과 함께 '충남향토지'라는 책자를 만들기도 했다. 공주에 공립으로 백제박물관이 처음 생긴 것은 1940년의 일이다.

그는 1945년 일본으로 돌아갈 때 그동안 모아두었던 많은 유물을 일본으로 가져갔다는 의심을 받고 있다. 도쿄국립박물관에 가루베 소장품이라고 명시된 백제 유물이

도판 33 대통사지 출토 백제 고와

도판 34 신원사지 출토 백제 고와

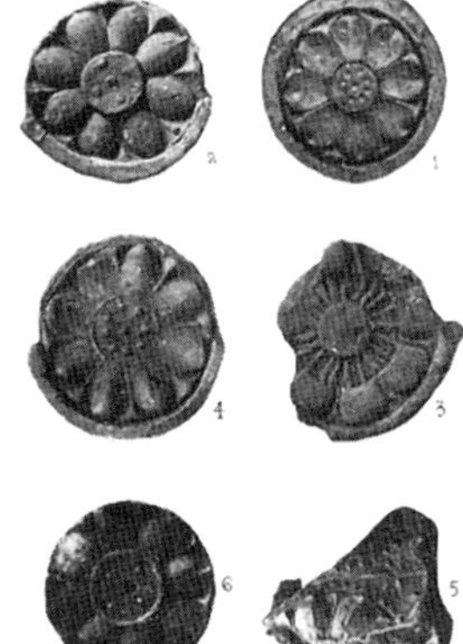
도판 35 백제 고와
1 · 5 · 6. 부여 군수리 출토
2 · 3 · 4. 공주 출토

충청남도역사문화연구원에서 2023년 출간한 가루베 지온의 《백제미술(百濟美術)》 완역본 중 도판 페이지. 《백제미술》은 1947년 일본에서 발간된 것으로, 해방 전까지 그가 조사한 내용을 미술사적 관점에서 정리한 책이다. 처음 발굴 당시의 모습과 현재 전하지 않는 유물들의 도판이 다수 수록되어 있다. 화면 속 유물들은 대부분 공주에서 출토된 것으로 현재 전해지지 않는 것들이다.

5점 소장되어 있고, 그의 유가족은 2006년에 국립공주박물관에 4점의 백제기와를 반환했다. 그가 무단으로 반출한 유물 중의 일부이다.

1968년에 가루베는 한국을 방문해 공주고보 제자들과 만났으며, 1971년 7월 무령왕릉이 발견되기 몇 개월 전에 사망했다. 그때까지 6호분이 무령왕릉인 줄 알았다고 한다.

가루베의 사례처럼, 일제강점기 동안 도자기와 불상, 회화 등 수많은 한국 문화재가 다양한 경로와 방식으로 일본으로 유출되었다. 대표적인 사례로 강원도 오대산에 보관되어 있던 《조선왕조실록》은 조선총독부에 의해 일본으로 반출되어 도쿄대학으로 옮겨졌다. 또한 조선에서 근무하던 일본인 군인과 관리들, 일본에서 건너온 상인과 사업가들 역시 조선의 문화재를 일본으로 가져갔다.

1965년 한일 국교 정상화 협상 과정에서 한국 정부는 일제강점기에 약탈된 문화재에 대해 적극적인 반환을 요구하였다. 그러나 일본 정부는 이들 문화재가 합법적으로 반출된 것이라 주장하며 반환 요구를 거부하였다. 그 결과 일본이 실제로 넘겨준 것은 1,432점에 그쳤다.

현재 일본에는 약 6만 7천 점에 이르는 한국 관련 문화재가 존재하는 것으로 파악되고 있다. 이 가운데 일본 정부가 중요문화재 또는 보물로 지정한 문화재는 모두

111점에 달한다.

도쿄국립박물관의 오쿠라컬렉션 중에는 백제 금동반가사유상 등 공주에서 반출한 것이 틀림없는 문화재들도 존재한다. 가루베와 오쿠라와의 친분이나 거래관계도 의심받고 있다. 일본에 있는 한국 중요문화재의 환수운동이 지속적으로 일어나고 있는 배경이다.

식민지시기 공주의 교육기관들

공주가 전국에서 손꼽히는 교육도시로서 이름을 얻게 된 결정적 계기는 공주여자사범학교의 개교였다. 그 이전부터 공주는 이미 근대 교육의 토대를 갖춘 도시였다.

그 출발점은 충청남도 최초의 근대식 사학인 영명학교였다. 영명학교는 1905년 미국 감리교회에서 파견된 로버트 샤프와 사애리시(앨리스 샤프) 선교사 부부가 교회 안에 세운 명설학당과 명선학당에서 시작되었다. 이 두 기독교 선교 학교는 1906년 우리암(프랭크 윌리엄스) 선교사에 의해 영명학교로 재건되었는데, 이는 당시 충청 지역에서는 보기 드문 신식 학교였다. 영명학교는 공주에 근대 교육의 이미지를 심는 데 큰 영향을 미쳤고, 이후 공주가 교육도시로 성장하는 데 중요한 토대가 되었다.

이어 1922년 공주고보가 세워졌고, 1928년에는 공주여자고등보통학교가 설립되었다. 공주고보가 조선인을 위한 학교였던 데 비해, 공주여고보는 일본인 학생도 상당수를 차지했다. 공주는 또한 실업교육의 중심지이기도 했다. 공주관립농업학교는 충남지역의 실업교육을 대표하는 학교였다. 1910년 공산성 앞에서 관립학교로 출발했으나, 이듬해 제1차 조선교육령 공포에 따라 공주공립농업학교로 전환되었다. 그러나 1922년 공주에 고등보통학교와 도립사범학교가 잇따라 설립되면서, 지역 간 교육 격차 해소를 이유로 예산으로 이전하였다. 이후 1932년 충남도청이 대전으로 이전되면서 그 보상책 가운데 하나로 농업학교의 재설치가 결정되었다. 이에 따라 1933년 3월 인가를 받아 충남도청 옛 부지에 개교했으며, 이후 농업실습지 부족 등의 문제로 1938년 1월 오늘날의 신관동으로 이전했다.

한편 공주는 전국적으로도 사범교육의 중심지로 명성을 얻었다. 1922년 공주고등보통학교와 함께 설립된 충남도립사범학교는 충남 유일의 사범교육기관이었다. 그러나 1929년 사범학교 제도가 개편되면서 관립사범학교가 출범하자 기존의 도립사범학교들은 폐교되기에 이르렀다. 그 뒤 사범교육의 전통을 잇는 기관으로 등장한 것이 공주관립여자사범학교였다. 여자사범학교는 1938년에 설립되어 1939년 신축 교사를 개관했다. 공주는 서울에 이어 전국에서 두 번째로 여자사범학교를 설치한 도시로,

평양과의 치열한 경쟁을 이겨낸 결과였다. 이 학교에는 조선 각지뿐 아니라 일본에서도 학생들이 찾아왔다. 공주여자사범학교를 중심으로 형성된 교육 인프라는 공주를 전국적 교육도시로 자리매김하게 만들었다.

도청 이전의 시발점이 된 경부선 철도

경부선 철도는 1905년 1월 개통되었다. 일본의 경부철도주식회사가 부설권을 얻어 1901년부터 착수하였다. 경성 영등포역에서 출발해 부산(초량역)까지 14시간이 걸렸다. 1904년 러시아와 전쟁을 시작한 일본은 부관(釜關)연락선을 통해 부산에 건너와 한반도를 빠르게 관통할 수 있게 되었다.

경부선 철도 구상의 초창기, 가장 유력한 노선은 부산과 대구를 거쳐 공주를 통과해 서울로 올라가는 안이었다. 일본은 경부선 노선을 확정하기 위해 여러 차례 현지조사를 실시했는데, 1899년 세 번째로 진행된 노선 답사에서 공주는 공식적인 경부선 후보지에 포함되었다. 당시 검토된 노선은 수원-전의-공주-은진-진산-금산-영동-김천-대구-현풍-창녕-밀양-삼랑진-부산진-부산으로, 기존에 존재하던 주요 도시들을 고르게 연결하는 안이었다.

이 세 번째 답사 노선은 장차 건설될 호남선과의 연계가 용이하다는 점에서도 실현 가능성이 높은 안이었다. 그러나 이 노선은 결국 채택되지 못했다. 20세기 초로 접어들며 일본과 러시아의 충돌 가능성이 급격히 높아지자 일본 군부는 일본과 대륙을 잇는 철도는 단 1미터라도 짧아야 한다는 강경한 입장을 고수했다. 결국 현재의 경부선 노선은 일본 군부의 전쟁 수행을 전제로 한 산물이었다.

공주가 경부선에서 배제된 것은 한국의 주요 경제·행정 중심지 가운데 하나가 근대 교통 문명의 핵심축에서 탈락한 중대한 사건이었다. 공주는 대규모 시장을 갖춘 상업 도시였고, 경부선이 통과해야 할 충분한 경제적 타당성이 있었다. 그러나 군사적 효율성을 앞세운 군부의 판단을 이길 수 없었다. 이듬해 1900년 3월, 일본 정부와 육군의 지원 아래 경부철도주식회사와 육군이 공동으로 실시한 마지막 조사에서 공주는 최종적으로 노선에서 제외되었다.

경부선은 단순한 식민지 내부 철도가 아니라, 한반도를 관통해 중국 대륙과 유럽으로 이어지는 제국의 간선 철도로 구상되었다. 이러한 구상 아래에서 한반도 내부의 교통 수요나 지역 경제, 조선인의 편의성은 뒤로 밀릴 수밖에 없었다. 만약 경부선이 기존의 경제 중심지와 곡창지대를 충실히 연결하는 노선으로 건설되었다면, 한국의 민족 경제 발전에 전혀 다른 결과를 가져왔을 가능성도 있다.

호남선 철도는 1911년 7월 대전-연산 구간이 먼저 개통되고 1914년 1월 대전에서 목포까지 전 구간이 개통되었다. 1907년 호남선 철도 건설을 위한 답사가 진행될 무렵, 호남선이 조치원에서 공주를 거쳐 전북으로 이어지는 안도 검토되었다. 그러나 1910년 호남선 공사가 본격화되면서 분기점이 조치원에서 서대전으로 변경되었다. 이는 러일전쟁으로 막대한 전쟁 비용을 지출한 일본이 재정 압박을 받고 있었기 때문이다. 공주를 경유할 경우 금강을 횡단하는 교량 건설이 불가피했고, 이는 공사비 증가와 공기 연장을 의미했다. 대전에 설치되어 있던 기관차 차고지를 조치원으로 이전해야 하는 문제도 있었다. 반면 대전에서 호남선을 분기할 경우, 비용과 공사 기간을 최소화할 수 있는 선택이었다. 그 결과 육로교통에서 오랫동안 호남으로 향하는 관문 도시였던 공주는 호남선 정차역에서 배제되었다.

호남선 개통 직후인 1914년 무렵 공주군과 대전군의 시내 인구는 모두 약 6천 명 수준으로 큰 차이가 없었다. 그러나 1937년이 되면 대전군 인구는 약 4만 명으로 급증한 반면, 공주읍내 인구는 1만 2천 명 수준에 머물렀다. 철도 노선의 선택이 도시의 운명을 얼마나 크게 갈랐는지를 보여주는 단적인 사례다.

일각에서는 전통 도시들이 철도를 두려워하거나 토지 수용을 우려한 유림과 양반층의 반대로 철도가 지나지 못했다는 이야기가 전해진다. 충남 공주를 비롯해 경북 상주, 경기 안성, 전북 전주 등지에서도 비슷한 이야기가 반복된다. 또 다른 설명으로는 철도가 식민지 수탈의 도구였기 때문에 민족적 저항 차원의 반대가 있었다는 주장도 있다.

그러나 이러한 설명은 사실과 거리가 있다. 어느 지역에서도 노선을 변경할 만큼 강도 높은 조직적 반대 운동은 확인되지 않는다. 오히려 대부분의 지역은 철도 부설을 환영했고, 공주 역시 예외가 아니었다. 공주는 철도를 막은 것이 아니라 적극적으로 유치하려 했던 도시였다. 그럼에도 철도가 들어오지 못하자, 사후적으로 "유림의 반대 때문에 철도가 좌절되었다"는 이야기가 만들어졌다.

물론 성암 이철영(李喆榮, 1867-1919)처럼 철도를 일제 수탈과 풍속 파괴의 도구로 인식하고 서울까지 도보로 상경해 철도 부설 반대운동을 전개한 인물도 있었다. 그러나 이러한 개인적 저항이나 특정세력의 반대가 철도 정책을 좌우할 수는 없었다. 경부선과 호남선에서 공주가 배제된 결정은 어디까지나 제국으로서 일본의 전략적·군사적·재정적 이해에 따른 것이었다. 효율적인 식민지 경영과 중국 대륙 진출을 염두에 둔 일제의 중대한 국가 전략이 일부의 반대에 좌우될 사안이 아니었다는 것이다.

충남도청의 대전 이전

일제는 지방 행정체제의 효율성을 높이고 식민통치를 용이하게 하기 위해 여러 지역에서 도청 소재지를 이전하였다. 일제강점기 초기에는 각 도의 도청이 조선시대 감영이 있던 곳에 그대로 유지되었으나, 경제적 수탈과 군사적 목적을 위한 철도망이 구축되면서 도청 소재지 변경의 필요성이 제기되었다.

교통·통신망을 장악한 일제는 통치구역을 재편하는 과정에서 기존 조선 사회의 지배 세력을 약화시키고 식민지 통치에 유리한 새로운 거점을 육성하고자 하였다. 그 결과 1910년 경기도 도청을 수원에서 경성부로, 1920년에는 함경남도 도청을 원산에서 청진으로, 1923년에는 평안북도 도청을 의주에서 신의주로, 1925년에는 경상남도 도청을 진주에서 부산으로 이전하였다. 마지막으로 남은 대상이 공주의 충청남도 도청이었다.

도청 이전은 기존 소재지와 이전 대상 도시의 향후 발전이 걸린 중대한 사안이었다. 이로 인해 기존 도청 소재지의 이전 반대 운동과, 이전을 희망하는 도시의 유치 운동이 부딪치면서 필연적으로 격렬한 대립과 갈등을 낳았다. 1920년대에 들어 공주보다 대전에 거주하는 일본인의 수가 두 배 가까이 많아졌고, 1929년에는 조선총독부 야마나시 한조 총독의 독직비리 사건이 공론화되는 과정에서 대전지역 유지들이 충남도청을 대전으로 유치하기 위해 금품 로비를 벌인 사실이 드러났다. 대전의 유력자들은 로비 자금을 모아 총독 비서에게 '사업 진행비' 명목으로 현금을 제공한 것으로 알려졌다. 이에 대응해 공주 지역에서도 다양한 형태의 도청 이전 반대운동이 전개되기 시작했다.

충남도청 이전 문제는 1924년부터 논의되기 시작했지만, 이에 대한 반대 움직임이 본격적으로 벌어진 것은 1929년부터이다. 철도역이 있는 대전과 조치원 등이 새로운 도청 후보지로 언론에 거론되자 공주 지역사회는 크게 술렁였다.

1929년 1월, 도청 이전 반대를 위해 소집된 공주 시민대회를 계기로 공식적인 조직인 공주시민회가 결성되었다. 공주시민회는 1930년 11월부터 1931년 3월 초순까지 도청 이전 반대운동을 주도하였다. 회장은 일본인이었고 부회장은 조선인이었으며, 실행위원은 조선인과 일본인 각각 20명씩으로 구성하였다. 일본인 유지는 진정과 로비를 담당하고, 조선인 유지는 대중 집회와 시위를 맡는 등 역할을 분담하였다. 공주의 유지들은 도청 이전 반대라는 목표 아래 일정한 협력 관계를 유지하였다.

1930년 11월, 사이토 총독은 도청 이전을 고려하고 있지 않다고 밝혔으나, 이듬해 돌연 도청을 대전으로 이전하기로 결정하였다. 이에 따라 1931년도 예산 가운데 2년 연속으로 359,000원을 도청 신축 공사비로 지출하기로 결의하였다. 이 사실이 알려지자 반대운동은 더욱 격화되었다. 공주시민회는 시민대회를 열고 3,000원에 달하는 운동 자금을 모금하며 본격적인 대응에 나섰다. 1931년 1월 3일에는 도지사 관저 앞에서 약 500명의 시민이 참여하는 시위를 전개하였고, 30여 명으로 구성된 진정위원단을 경성의 조선총독부로 파견하였다. 이어 1월 16일 시민대회에서는 '도청 이전은 총독정치의 본령에 반한다'는 내용의 결의문을 채택하고 충남도청 앞 시위 투쟁을 벌였다. 나아가 대규모 상경 투쟁단을 조직하고, 일본 도쿄의 제국의회에까지 진정 활동을 전개하였다. 공주 지역 상인들도 상가를 철시하며 동참하였다.

이에 대해 충남도청 당국은 시민회 대표와 각 구장을 불러 회유와 협박을 병행하는 한편, 경찰을 동원해 시민회 간부들을 연행하고 사무실을 수색하는 등 강경한 탄압에 나섰다. 이후 1931년 4월에 실시된 도·부의회 의원 선거에 일부 유지들이 불참을 선언하는 등 다양한 방식의 저항이 이어졌으나, 도청 이전이라는 대세를 뒤집기에는 역부족이었다.

결국 공주는 도청 이전을 기정사실로 받아들이면서, 그에 대한 반대급부로 무엇을 얻어낼 것인지를 고민해야 했다. 이는 '근대도시'로 성장하는 대전이 '전통도시' 공주를 압도한 상징적 사건이었다. 공주는 호서의 중심도시, 충남의 행정 중심지라는 지위를 내려놓아야 했다.

대신 공주시민회를 중심으로 도청 이전에 따른 대가를 요구하기 시작했다. ▲철도 및 도로·교량 건설 ▲사범학교·농림학교·의학전문학교·상업학교의 신설 ▲개인(김갑순)이 운영하는 공주시장을 읍에서 인수·경영 ▲공주-조치원간 승합차를 철도국이 직영 ▲전매국 공주지점 설치 ▲국립공원·박물관 설치 등이었다.

이에 1933년에는 당시 한강 이남에서 가장 긴 철교였던 금강교가 가설되었고, 공주여자사범학교와 공주농업학교가 설립되면서 교육도시로서의 새로운 정체성을 형성해 나갔다. 도청이 이전된 바로 그 이유, 즉 교통의 불리함과 도시 확장성의 한계는 이후에도 공주를 교육도시이자 역사·문화도시로 규정하는 조건으로 작용하게 되었다.

도청 이전의 또 하나의 결과는 일본인 인구의 감소를 들 수 있다. 1905년 을사늑약 체결 이후 충남의 수부도시였던 공주에도 일본인의 진출이 본격화되었다. 일본인 관료와 상인들은 공주시가지 내부에 독자적인 공동체를 형성할 정도로 그 수가 빠르게 늘어났다. 1915년 공주에 거주하던 일본인은 1,560명이었으나, 1927년에는 1,921명, 1930년에는 1,994명, 도청 이전 직전인 1931년에

공산성에서 바라본 금강과 배다리의 모습. 공주는 호남선 철도 노선을 검토하는 과정에서 금강에 새로운 다리를 놓아야 한다는 점 등을 이유로 후보지에서 제외되었다.

는 2,098명으로 증가하였다. 그러나 충청남도 도청이 공주에서 대전으로 이전된 1932년에는 일본인 수가 653명이나 줄어 1,341명이 되었고, 1939년에는 1,278명까지 줄어들었다.

도청 이전과 금강철교 건설

조선시대에도 금강에 다리가 놓였다는 기록이 있다. 1759년에서 1765년 사이에 편찬된 《여지도서》 공주목 교량조에 따르면, 금강에는 여름철 장마로 다리가 떠내려갈 위험이 있어 겨울에 다리를 놓았다가 봄이 되면 철거하는 방식이 반복되었다고 한다. 다리의 재료는 흙이나 나무였는데, 흙으로 놓은 다리는 '이교(泥橋)' 또는 '포교(鋪橋)'라 불렀다. 한때는 배를 엮어 그 위에 판자를 깐 배다리가 설치되기도 했고, 강바닥을 단단히 다져 목교를 가설하기도 했다. 재료와 형태는 달랐지만, 금강에는 오래전부터 사람과 물자의 이동을 위한 다리가 존재했던 것이다.

금강에 다리가 처음 등장한 시점은 언제일까. '금강교'라는 명칭이 등장하는 가장 이른 기록은 1624년 이괄의 난 때이다. 《연려실기술》에는 인조가 반란을 피해 공산성으로 피난하던 상황에서 전라감사 이시방과 관련된 다음과 같은 기록이 보인다. "공주로 달아나서 금강 다리를 걷어치워 적이 들어올 길을 끊고(…)." 충청감영이 1602년에 공주로 옮겨졌다는 점을 고려하면, 행정 중심지로서 교통로 확보를 위해 금강 남북을 잇는 다리가 이미 놓여 있었을 가능성이 크다고 보겠다.

일제강점기에 들어서면서 좀더 근대적 모습으로 바뀐다. 1913년, 공산성 서쪽에서 금강까지 이어지는 신작로가 개설되었고, 공북루 아래에서 건너편 장기면 신관리 전막까지 가설 교량이 놓였다. 〈매일신보〉 1915년 11월 15일자에는 "9월부터 공사를 시작하여 금강교를 개통·낙성하였다"는 기사가 실려 있다. 1916년에 제작·판매된 사진엽서를 통해 이 다리의 실제 모습도 확인할 수 있다. 다리 개

금강에는 오래전부터 다리가 놓여 사람과 물자의 이동을 도왔다. 위는 공산성 앞을 흐르는 금강에 남은 나무다리의 흔적이다. 교각 역할을 했을 나무기둥의 모습이 분명하다. 아래는 금강철교의 최근 모습.

통 12일 뒤인 1915년 11월 29일자 조선총독부 관보에는 배의 통행을 위해 하루 두 차례 다리를 개폐했다는 내용이 나온다. 오전 7시부터 8시까지, 오후 5시부터 6시까지

하루 두 차례였으며, 이후에는 각각 1시간씩 연장되었다.

일제강점기 조선에는 여러 철교가 놓였다. 가장 대표적인 것이 한강철교다. 그러나 한강철교와 금강철교는 출발점부터 목적이 달랐다. 한강철교는 철도 통행을 위해 경인선 철도의 일부로 1900년에 개통하였다. 일본이 조선에 진출하던 초기에 병력과 물자를 빠르게 이동시키기 위해 만든 교량이다.

반면 금강철교는 도보와 마차, 자동차까지 염두에 둔 교통용 교량으로, 도청이 대전으로 이전한 해인 1932년 1월 공사를 시작해 1933년 10월 준공했다. 길이 514미터, 폭 6미터, 재질은 강철, 당시 최신식 철제 트러스구조의 교량이었다.

시민들의 반응은 복합적이었다. 다리가 완공되었을 때 시민들은 놀라워했다. 커다란 철 구조물은 공주에서 보기 힘든 '근대의 풍경'이었다. 동시에 감정은 엇갈렸다. "도청을 빼앗기고 대신 다리 하나를 얻었다"는 씁쓸함도 있었다.

"형무소는 자유와 정의를 얻은 자들의 수문이다." 청년들은 문장으로, 실천으로 시대를 흔들었다. 1930년대, 전쟁으로 치달으며 시대는 더 어두워졌지만 공주고보의 항일은 끈질기게 계속되었다.

3부

반제 격문 사건과 비밀결사

교실 담장을 넘어 대중 속으로

1920년대의 기만적인 '문화통치'가 막을 내리고, 1930년대 조선에는 세계 경제 대공황의 여파와 일제의 군국주의 광풍이 몰아치기 시작했다. 일제는 만주사변(1931)을 시작으로 대륙 침략의 야욕을 노골화했고, 식민지 조선은 전쟁 수행을 위한 인적·물적 수탈의 기지로 전락했다. 유화의 가면을 벗어던진 일제는 '치안유지법'이라는 전가의 보도를 휘두르며 독립의 의지를 짓밟았고, 교정에는 교과서 대신 총검의 금속음이 더 친숙해지기 시작했다.

그러나 어둠이 짙어질수록 공주고보 청년들의 눈빛은 더욱 형형해졌다. 이제 그들의 저항은 학교 담장을 넘어 이중삼중의 착취와 수탈에 시달리는 농민들의 피눈물 나는 소작쟁의 현장으로, 그리고 억눌린 무산계급의 삶 속으로 깊숙이 파고들었다.

1932년 봄, 영명여학교와 공주고보 기숙사 식당에 뿌려진 격문은 그 서슬 퍼런 투쟁의 선언이었다. "형무소는 자유와 정의를 얻은 자들의 수문이다!" 이 뜨거운 외침은 안락한 엘리트의 길을 스스로 거부하고, 기꺼이 차가운 감옥의 문을 열어젖히며 시대의 고통과 맞선 공주고보 청년들의 위대한 헌사였다.

1932년 3월 격문 살포 사건

1932년 3월 2일, 공주 영명여학교 기숙사 앞에 여러 장의 격문이 뿌려졌다.

"생명을 희생하더라도 2천3백만 대중을 구하고 부패한 조선을 구할 노동자를 위한 대중운동을 하자!"

일본 제국주의의 식민정책을 정면으로 비판한 이 격문에는 '죽음의 승리'라는 제목이 붙어 있었다. 이틀 뒤인 3월 4일, 이번에는 공주고등보통학교 기숙사 식당 칠판에 격문이 게시되었다.

"이번 봄 졸업생 제군은 이때를 이용하여 조선 독립에 진력하라. 형무소는 자유와 승리를 얻은 자들의 수문으로, 1천만 인이 모두 형무소에 가면 세계는 훌륭하다 할 것이다."

식민지 현실에 대한 절규이자 청년들에게 던지는 직접적인 행동의 호소였다. 이 사건은 당시 여러 언론에 보도되었으며 재판 추이까지 여러 차례 기사화되었다.

공주에 검거 바람, 십여 명 체포

경찰의 활동은 자못 맹렬

반제 격문 살포 사건

지난 2일에 충남 공주영명여학교 기숙사에 불온한 문구를 나열한 반제(反帝) 격문을 붙인 일이 있었다. 이에 공주경찰서를 비롯해 충남도경찰부로부터 총동원으로 범인 체포에 분주히 나섰다 함은 이미 보도한 바와 같다. 이에 이런 사건이 공주 지방에서 처음 일어난 일인 만큼 눈코 뜰 새 없이 갈팡질팡 매일 밤을 새워가며 활동을 개시한 경찰무리는 멀리 연기군 전의에 출장을 나가 곽재기(郭在驥)를 검거해왔다. 한편 공주청년회 집행위원장 윤귀영(尹貴榮), 소년동맹위원장 안병두(安秉斗)와 청년 청년 박명렬(朴明烈, *기사에는 朴明烈로 표기되었으나 이는 朴命烈의 오기인 것으로 보인다), 이영근(李英根), 구자명(具滋明), 이도원(李道元), 방세완(方世完), 홍영식(洪泳植) 등 십여 명의 청년을 검거해서 엄밀히 취조를 진행하는 동시에, 박명렬, 구자명, 안병두, 이도원, 이영근 등 가택을 일일이 수색하여 서적 등을 전부 압수하는 등 활동은 자못 맹렬하다.

—1932년 3월 9일, 동아일보

공주 격문범 진범은 고보생

경찰 엄한 취조로 결국 자백, 단독행위라고 주장

지난 2일에 반제격문 산포사건(反帝檄文散布事件)이 일어난 이후 공주 경찰에서는 철야로 활동하여 애매한 청년회, 소년동맹 간부 맹원을 십여 명이나 체포하여 취조한다 함은 연일 보도한 바 있다. 이에 경찰 당국에서는 엄밀한 취조를 거듭해도 아무런 증거물이 나오지 않아 고심하던 중 지난 9일부터 갑자기 수사 방향을 달리해서 오늘까지 당국에서도 안심하고 있던 공주고등보통학교에 달려가서 교내는 물론 기숙사까지 전부를 대수색을 하였다. 이후 공주고보 3학년생 노수남(盧壽男, 18세)과 김순태(金淳泰, 17세), 유석순(劉錫淳)을 검거, 체포하여 취조한 결과 확실한 증거물까지 나타나면서 어쩔 수 없이 자백하며 진범이 체포되었다. 이에 그 내용을 알아보면 노수남, 김순태 등은 유석순이 논산군 연산면에 거주함으로 논산학우회(論山學友會) 소유의 등사판이 보관되어 있는 것을 알고, 공주 상반정 김승로의 방에 기숙하고 있는 유석순에게 가서 등사판을 빌려 유석순의 방에서 인쇄하였다. 유석순은 만약 등사하는 중에 다른 사람에게 발각되지 않을까 하고 얼른 만들어 가지고 가라고 잠깐 조력을 한 것뿐이라 하고, 사건 발생 이후 오늘까지 침묵을 지켜오던 중 사건이 이와 같이 발각되어 경찰 당국에서는 지도자 혹은 영도자가 없는가 하고 취조한 결과 김순태는 단독행위라고 주장한다고 한다. 격문을 내걸어 붙인 장소는 공주영명여학교 기숙사 외에 고등보통학교 식당 벽에까지만 붙였다 한다.

—1932년 3월 14일, 조선일보

1932년 김순태와 노수남은 공주고보 3학년(8회)에 재학 중이었다. 2월 28일, 학우 유석순의 방에서 논산학우회 소유의 등사판을 이용하여 항일을 선동하는 격문 10여 매를 인쇄하였다. 그리고 연쇄적으로 살포한 것이다.

공주고보와 영명여학교의 교실, 기숙사, 식당에 격문이 뿌려지고 붙여지니 비상이 걸렸다. 노수남, 김순태는 결국 경찰에 검거되었다. 격문의 문안은 동급생 이정규가 작성한 것을 김순태가 인쇄하였지만 혹독한 고문 속에서도 이정규의 이름은 나오지 않았다. 노수남과 김순태 둘은 1932년 4월 30일 공주지방법원에서 출판법 위반으로 징역 1년, 집행유예 3년을 선고받았다.

사곡면 신영리에서 태어난 노수남은 1930년 공주고보에 입학해 금학동에서 하숙하면서 《삼천리》 같은 잡지에 실린 논설을 읽으며 민족의식을 키우던 청년이었다. 그는 경찰 심문에서도 친구의 이름을 밝히지 않으며 모든 책임을 자신이 짊어지고 "내가 썼다"고 했다. 반포면 공암리 출신의 급우 김순태와 함께였다. 이정규는 무사히 졸업했다. 노수남은 퇴학 후 경찰의 요시찰 인물로 등록돼 감시 속에 살았다. 그러나 그는 공부에 매진해 결국 보통문관

임용시험에 합격했다.

그 시절 학교에서는 일본어를 '국어'라 했고 우리글을 '조선어'라 했는데 학생들은 '국어'를 '일어'라 부르고 그 시간도 '일어 시간'이라 불렀다. 교과서 표지에 쓰여진 '국어'를 지우고 '일어'로 고쳐 쓴 학생도 있어 교사들은 자주 책 검사를 하곤 했다. 만약 고쳐 쓴 것이 발견되면 교무실에 불려가 심한 꾸지람과 구타를 당하며 학사처분도 받게 되는 시기였다.

동맹휴학 같은 거창한 일이 아니라도 교과서 이름을 고쳐 쓰는 것 같은 소소하고 일상적인 저항은 계속되었다. 그런 저항의 하나가 '일본인 상점 불매운동'이었다. 개교 초기부터 고보생 간에는 일본인이 운영하는 상점에서는 물건을 사지 말자는 '일인 상점 불매운동'이 자생하였다. 양품점 요시다(吉田)상점이나, 학생이 책을 훔쳤다고 물의를 일으켰던 이치산도(一三堂) 서점 등에서는 물품을 사지 않기로 하였으며, 만약 이를 지키지 않는 학생이 있으면 제재를 주기까지 하였다.

당시 공주 읍내에는 다수의 일본인 상점이 자리 잡고 있었다. 욱정(반죽동)에는 미즈시마 시계점, 하타노 자전거점, 나카하타 양품점, 고노 철물점, 히라타 인쇄소, 후지사와 문구점, 이치산도 서점 등이 있었다. 본정(중동)에는 마키 정미소, 다키가와 자전거점, 스기오카 목재상, 이시바시 성문당 인쇄소, 모리타 과자점, 가토 화물운송점, 나카시바 식료품점, 조선자동차운수주식회사 등이 영업하고 있었다.

공주읍내의 일본인 상점들은 일본인들이 주로 이용하였으나 점점 상권을 차지하고 공주사람들의 생활을 바꿔가고 있었다.

1932년 공주고보 적색 비밀결사 '공친회' 사건

1932년 3월 격문사건의 여파는 컸다. 경찰은 마구잡이로 잡아들인 후 죄를 만드는 데 비상한 재주가 있었다. 이때 체포된 박명렬, 안병두, 이영근, 구자명, 이도원 다섯 명은 공주보통학교 시절부터 가까운 친구 사이였다. 이들의 공통점은 또 있었다. 공주소년동맹(집행위원장 안병두)에 가입한 단원들로, 항일운동을 함께 결의한 동지들이었다는 점이다.

1928년 3월 창립된 공주소년동맹은 청년들의 사회 참여와 각성을 촉구하는 단체로, 1929년 12월 광주학생독립운동이 일어났을 때 공주고보를 비롯해 공주 시내의 중등학교 동맹휴학을 주도한 조직이었다. 1929년 11월 안병두가 집행위원장이 되면서, 친구 다섯 명은 본격적으로 일제 식민지배에 맞서는 활동에 나섰다. 이들 중 이도원, 박명렬, 구자명은 공주고보 동기생이었는데 1930년에 퇴학 처분을 받았다.

이도원은 공주고보를 중퇴한 뒤 노동계급의 현실에 눈을 떴고, 구자명은 동아일보 농업 기사 등을 통해 사회문제의 근원을 탐색했다. 박명렬은 1930년 공주고보 동맹휴학 사건의 주모자로 지목되어 퇴학당한 뒤 사회주의 경제학에 몰두했다. 안병두는 상급학교 진학이 좌절된 뒤 도서관을 전전하며 사회문제를 파고들었고, 이영근 또한 서구의 진보적 경제학서를 손에서 놓지 않았다.

그들은 하나같이 가난했으나, 사상의 불씨만은 누구보다 뜨거웠다. 1931년 하반기, 뜻을 함께함을 확인한 이들은 '공친회(共親會)'를 결성하고 계급의식에 눈뜬 전위투사를 양성하기로 결의하고 행동에 나섰다. 이들이 접촉한 공주지역의 점원과 노동자들은 친목모임으로 알고 공친회에 가입했다. 이듬해 1932년 초부터 홍영석, 천길영, 최영길, 황을래, 김형록 등 지역의 상점 점원들에게 여러 차례 교육을 실시했다. 식민지배의 현실을 일깨우고 사회주의 이념을 교육하는 내용이었다. 이어서 박원근, 최상하, 최정구 등의 노동자들에게도 교육을 실시했다.

경찰의 혹독한 조사 끝에 안병두 등 5명이 모두 기소되었다. 재판 과정에서 이들은 일제 경찰의 고문에 못 이겨 허위사실을 자백했다고 주장했지만 받아들여지지 않았다. 결국 5명 모두 1932년 12월에 치안유지법 위반으로 징역 2년, 집행유예 5년을 선고받았다. 이영근과 구자명은 석방되었지만, 안병두, 이도원, 박명렬은 검사가 항소해서 1933년에 경성복심법원에서 안병두는 징역 2년, 이도원과 박명렬은 1심과 같은 징역 3년, 집행유예 5년을 선고받았다.

특히 이도원에게는 '불경죄'가 추가됐다. 공주보통학교 6학년 시절, 일본 천황 부부의 사진이 실린 참고서를 붉은 연필로 칠한 죄였다. "천황 등에 대한 불경행위를 한 자는 3월 이상 5년 이하의 징역에 처한다"는 당시 일본제국 헌법의 조항이 그를 겨냥했다. 1933년 2월 16일, 경성복심법원의 판결과 함께 이도원은 서대문형무소에서 석방됐다. 이미 11개월간 옥살이를 마친 뒤였다.

이 사건 이전에 안병두와 박명렬 두 사람은 우성면 방흥리에서 일어난 소작쟁의에 깊이 관여했다. 1931년 10월이었다. 안병두는 한봉수로, 박명렬은 방진완으로 가명을 써가며 활동했다. 이들은 방흥리 유기남의 집에서 소작인 20여 명을 모아놓고 "농민들이 피땀 흘려 지은 산물을 모두 지주에게 착취당하고 더욱 빈곤한 상태에 빠져 있으니 농민들이 모두 단결해서 지주와 싸워야 한다"고 주장했다. 안병두는 또한 지주에게 대응해서 싸우려면 농민조합을 조직해야 한다고 설파했다. 농민조합 조직화까지는 이르지 못했지만 소작쟁의를 계기로 농민계급의 투쟁을 고양하기 위해 직접 행동을 한 점에서 의미가 있다.

1929년부터 세계 경제대공황의 영향으로 조선의 농민과 노동자 등 기층민중들의 생활은 더욱 피폐해졌다. 일제의 폭압에 대응해 공주에서도 농민조합과 노동조합을 결성해 이른바 혁명적 대중운동을 전개하는 흐름에 함께해 공주소년동맹 위원장 안병두를 중심으로 하는 움직임이 있었음을 확인할 수 있다.

1930년대의 독서 리스트

본격적으로 '민족말살기'에 접어들던 1930년대의 청년·학생들은 어떤 지식을 접했을까?

1930년대 초, 강원도 울진에 살던 청년 안천수는 매달 세 권의 잡지를 받아보았다. 《신소년》, 《농민》, 《삼천리》 등이다. 모두 당대 지식인과 청년층의 의식을 흔들어 깨우던 잡지들이었다.

《신소년》은 1923년 신명균이 창간했다. 만주의 북로군정서와 연결된 인물로, 조선어학회 회원이기도 했다. 일제의 조선어 탄압과 창씨개명에 항거해 1940년 11월 스스로 목숨을 끊은 인물이다. 《신소년》은 청소년 독자를 향해 자유와 자각의 정신을 불어넣었다.

《농민》은 천도교청년당 산하 조선농민사가 발행했다. 농민 계몽을 목적으로 한 이 잡지에는 홍명희, 김준연, 김기전 등 독립운동가들이 필자로 참여했다.

《삼천리》는 1929년 언론인 김동환이 창간했다. 사회주의 성향의 김동환은 한용운, 염상섭 등과 신간회 간부들의 글을 싣는 등 사상적 다양성을 담아냈다. 이 잡지들은 은밀히 조선인의 자각을 일깨우는 통로였다.

비슷한 시기 춘천고보에 다니던 이홍채도 이런 시대의 청년이었다. 그는 안중근 의사의 의거를 다룬 《하얼빈 역두의 총성》, 외솔 최현배의 《조선 민족 갱생의 길》, 그리고 이광수의 소설 《흙》을 탐독했다.

이광수의 〈민족개조론〉(1922년 발표)은 약소민족이 강대국의 식민지로 전락하는 현실을 타개하기 위해 개개인의 정신력과 근검, 자립심을 키워야 한다는 주장을 담았다. 그가 동아일보에 1932년부터 1년 넘게 연재했던 소설 《흙》은 농촌계몽 소설이었다. 1930년대 초, 동아일보와 조선일보는 학생들에게 방학 기간 농촌으로 내려가 한글과 위생, 계산법을 가르치게 하는 운동을 벌였다. 그러나 1935년, 일제는 이 운동을 '불온한 사상 확산'으로 규정하고 전면 금지했다. 최현배의 조선어학회가 발행하던 잡지 《한글》조차 검열 대상이 되었다.

더 깊이 민중 속으로, 박명렬

박명렬은 1912년 7월 공주군 남부면 반죽리(현 중학동)에서 태어났다. 1929년 공주고보에 입학하였는데 1930년 동맹휴학의 주동자로 지목되어 퇴학당했다.

1931년 10월 공주군 우성면 방흥리에서 소작쟁의가 발생하자 방진완이라는 가명을 쓰며 현장으로 들어갔다. 안병두와 함께 소작쟁의를 지도하고 농민과 학습하였다. 같은 해 12월에는 동지들과 농민조합 조직을 의논하였다. 농민조합을 투쟁의 기관으로 삼고 농민 계몽에 힘쓰기 위해서였다. 이 논의를 통해 공주지역의 농민과 노동자 등 무산계급을 지도하고 친목을 도모하기 위해 '공친회(共親會)'를 조직하였다.

1931년 8월에는 공주 능인학원 문제에도 관여하였다. 이 문제는 능인학원에 전달되어야 할 기증금을 마곡사 감무(監務)가 받은 후 학원에 전달하지 않은 것에서 비롯되었다. 능인학원후원회의 일원으로 대책회의에 참여하여 기증금 반환 요청 등의 조치를 취하는 데 일조하였고, 안병두와 함께 실행위원으로 선정되어 마곡사 측과 교섭에 나서기도 하였다.

1932년 들어 비밀결사를 조직하여, 1월 초순부터 여러 차례 모임을 갖고 운동의 목적과 활동 방법을 정하였다. 그러다가 1932년 2월 23일 공주경찰서에서 공주청년동맹 간부들과 함께 조사를 받던 중 그대로 유치되었다. 수일 전 능인학원 문제로 마곡사 측 인사와 언쟁한 것을 일본

국립대전현충원 독립유공자묘역의 박명렬 묘지.

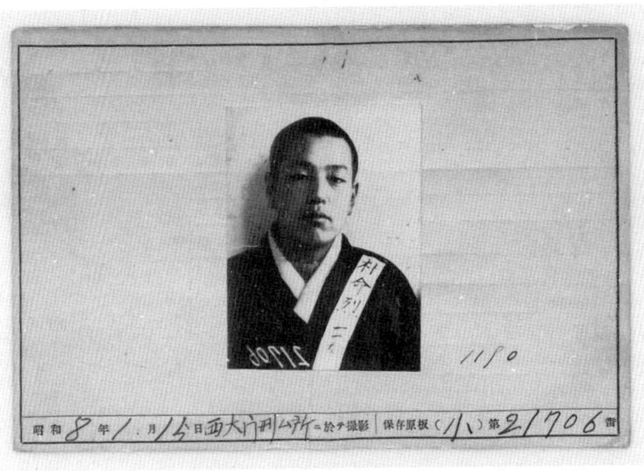

昭和 8 年 1 月 日 西大門刑務所ニ於テ撮影 保存原板 (1,1) 第 21706 番

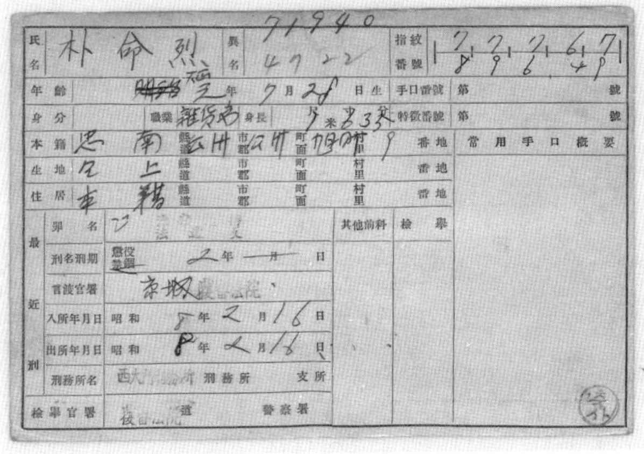

氏名	朴命烈	異名		指紋番號	
年齡	年 7 月 日生			手口番號	第 號
身分	職業 雜貨商	身長		特徵番號	第 號
本籍	忠南 道 市郡 町面 村里 番地			常用手口概要	
生地	道 市郡 町面 村里 番地				
住居	道 市郡 町面 村里 番地				

最近刑		其他前科	檢擧
罪名			
刑名刑期	懲役 2 年 月 日		
言渡官署	京城		
入所年月日	昭和 8 年 2 月 16 日		
出所年月日	昭和 8 年 月 日		
刑務所名	西大門刑務所 支所		
檢擧官署	道 警察署		

박명렬의 수형기록카드. 1933년 1월에 서대문형무소에서 작성되었다.

경찰이 문제 삼은 것이었다.

1932년 3월 5일 공주에서 격문 사건이 연이어 발생하자 식민 당국은 이를 중대한 사상 사건으로 인식하고 공주경찰서 인력을 총동원했다. 경찰은 밤낮을 가리지 않고 범인 색출에 나섰고, 청년회관과 각 학교 기숙사, 사회단체 간부들의 가택까지 광범위하게 수색했다. 그 결과 3월 10일, 총 10명의 청년이 체포되었다. '공주소년동맹' 위원장 안병두와 단원인 박명렬, 이도원, 이영근, 구자명 등이었다.

박명렬은 결국 1933년 2월 서대문형무소에서 풀려날 때까지 약 11개월간 옥고를 치렀다. 그는 1935년 7월에 다시 붙잡혔다. 한 달여 동안 조사를 받고 공주에서 독서회를 조직하여 반일사상을 고취한 죄로 경성지방법원 검사국의 예심에서 기소유예로 석방되었다.

1931년 우성 방흥리 소작쟁의

공주고보 6회 입학생으로 퇴학당한 박명렬과 안병두(安秉斗, 1910-1950)는 1930년대 공주지역에서 함께 농민운동과 청년운동을 벌였다. 우성면 방흥리의 소작쟁의 과정에서는 함께 쟁의를 지도했다. 평소 식민지 사회 현실의 모순을 타파하기 위해 노력하던 박명렬과 안병두는 식민지 조선에서 실질적 생산의 대부분을 차지하던 농업과 농민을 대상으로 민족의식과 계급의식을 깨우치는 데 힘을 쏟았다.

1920년대부터 식민지 조선의 사회 각 부문에서 다양한 운동이 일어났다. 3·1운동 이후 인권의식이 신장하고 독립정신이 고양된 덕분이다. 전통적으로 차별을 받던 여성·어린이·소작인 등의 권리쟁취운동이 전개되었고, 각지에서 농민운동·노동운동이 일어났다. 사상적으로 민족주의와 사회주의가 서로 갈등하고 협력하는 속에서 학생·청년들의 조직활동도 활발하게 일어났다. 1929, 30년에는 학생들의 항일 시위가 특히 고양되었고, 농민들의 소작쟁의도 한 해에 200여 건이던 것이 1931, 32년에는 연간 700여 건까지 확산되었다.

농민운동이 성장하고 확산된 배경에는 일제가 조선의 미곡을 수탈하기 위해 1920년부터 실시한 '산미(産米)증산계획'이 있었다. 조선인의 절대다수가 농민인 상황에서 산미증산계획은 대중들에게 큰 고통을 주었다. 농민들은 농민조합(노동협성회)을 결성하고 소작쟁의, 수리조합 반대운동, 곡물검사제 반대운동 등으로 대항했다.

소작쟁의는 소작 조건의 개선을 요구하며 지주 또는 행정당국을 대상으로 집단행동을 벌이는 것을 말한다. 먼저 소작료 인하가 가장 큰 쟁점이었다. 당시 소작농이 50%를 내던 소작료를 40%로 낮추라는 것이다. ▲소작권의 자의적인 이동 금지 ▲횡포를 일삼는 마름제도 철폐 ▲고용농민인 머슴의 품삯 인상 등도 공통적인 요구사항이었다.

우성면 방흥리·보흥리의 소작인 70여 명이 소작쟁의를 일으킨 것은 1931년 10월이다. 이들은 지주에게 ▲소작권 이동 절대 반대 ▲소작료 4할 ▲사음(私飮, 수고비), 수세(물값), 마당세(가구단위로 걷는 부담금), 두세(斗稅, 수확량과 관계없이 매기는 세금) 시행 절대 반대 ▲운반 2리 이상은 절대 반대 ▲공과금 지주 부담 등의 요구 조건을 내놓고 쟁의에 돌입했다.

이즈음에 공주지역에서 우성면 방흥리와 유사한 소작쟁의가 많이 일어났다. 주외면 소학리·신기리, 계룡면 구왕리·내흥리, 의당면 수촌리, 계룡면 중장리 등이다. 주외면·계룡면·우성면·의당면 등은 '노동협성회' 지부가 설립된 곳들이다. 1920년대 중후반에 노동협성회를 결성한 경험 위에 조직적인 소작쟁의로 이어진 것이다.

일제 경찰은 소작쟁의 농민조직과 지역의 사회운동세력이 연계하지 못하도록 청년동맹 간부들을 미리 구금하는 등으로 방해했다. 공주청년회가 지원하는 '노동협성회' 창립은 경찰의 탄압으로 원활하지 않았지만 4개 면에 지부를 설립했다. 노동협성회 활동 중 두드러진 것은 야학이었다. 야학마다 50여 명의 학생들이 조선어와 산수를 배웠고, 양반과 상민을 구분하던 용어를 금지해 평등하게 대하도록 했다.

1930년대부터 동아일보사 등도 학생들이 방학 동안 농촌에서 한글, 숫자, 위생 지식을 보급하는 농촌계몽운동(브나르도운동)을 펼쳤다. 심훈의 소설 《상록수》가 동아일보에 연재된 것이 1935년이다. 이마저도 일제는 1930년대 후반부터 농촌계몽운동을 전면 금지하기에 이르렀다.

1930년대 공주 농민의 참상

일각에서는 일본이 조선을 지배하면서 조선인의 생활 수준이 오히려 나아졌다고 주장한다. 생활이 개선되었기 때문에 평균수명도 늘었다며, 특히 쌀 생산 증가를 그 근거로 제시한다. 과연 일본의 식민지 지배 아래에서 쌀 생산이 늘어나 조선인의 식생활이 개선되었고, 평균수명까지 증가했다는 말은 사실일까.

결론부터 말하면 전혀 그렇지 않다. 대다수 조선 농민은 굶주렸고, 생산된 쌀의 상당 부분은 일본으로 반출되었을 뿐이다. 한 가지 사례만 보아도 이를 분명히 알 수 있다. 1918년 일본이 시베리아 출병을 명분으로 러시아 연해주에 대규모 병력을 파병하자, 일본 내에서는 심각한 쌀 부족 사태, 이른바 '쌀 소동'이 발생했다. 이에 일본 정부는 조선에서 생산된 쌀을 대량 반출해 일본에 우선 공급하였다. 그 결과 조선은 극심한 식량난에 빠지게 되었다.

일제는 일본 내 쌀 수요가 지속적으로 증가하자 1920년

공출을 독려하는 조선총독부 농상국의 홍보문. “우리들 야마토(大和)협력의 힘이 전쟁을 이겨내는 원동력이다”라며 쌀 증산을 촉구하고 있다.

대 들어 조선에서 ‘산미증산계획’을 추진하였다. 수리 시설을 확충해 밭을 논으로 전환하면서 쌀 생산량 자체는 분명 증가하였다. 그러나 늘어난 쌀의 대부분은 일본으로 흘러갔고, 일본으로 반출된 양은 증산된 규모를 훨씬 웃돌았다. 이 과정에서 조선 농민들은 급속히 몰락하였다. 지주는 증가하고 수탈은 가혹해졌으며, 수리 시설 설치 비용마저 농민에게 전가되었다. 결국 많은 농민들이 땅을 팔거나 버리고 농촌을 떠날 수밖에 없었다. 이들은 ‘기민열차’, 즉 버려진 사람들을 실어 나르는 열차를 타고 만주를 비롯해 타지로 이주하였다.

1931년 4월 7일자 〈동아일보〉에는 '농촌 참상 갈수록 더욱 심각'이라는 제목의 기사가 실렸다. 이 기사는 충남 공주군 의당면과 정안면에서 농민들이 밤을 틈타 고향을 떠나는 참혹한 현실을 전하고 있다.

농촌 참상 갈수록 더욱 심각
야간도주자 1050명
빚에 졸려서 살 수 없다고
공주군 두 면의 농민

공주군 의당면·정안면 등 두 면에서만 극도에 달한 농촌 불황으로 금년 이래 야간 도주한 농민이 1,050여 명이나 된다고 한다. 이와 같이 대대로 살아온 고향을 버리고 야간 도주를 하게 된 이유는 남의 토지를 빌려 농사를 지었으나 모든 수입을 다 합친다 할지라도 지주에게 갚아야 할 소작료조차 충당하지 못하는 데다가, 농사를 짓느라 진 빚에 몰려 참고 견디기 어려운 것이 주요 원인이라 한다.

앞서 적은 1050명이 구성하고 있던 호수(戶數)로 보면 의당면에 120호, 정안면에 120호이며, 그 외의 각 면에도 상당히 야간 도주한 사람이 많으리라 한다.

—1931년 4월 7일, 동아일보

1930년대 들어서는 위 기사의 내용처럼 살던 고향을 떠나야간 도주하는 농민들의 기사가 계속해서 등장한다. 농민들은 한밤중에 몰래 고향을 떠나 도시로 흘러들어 도시 빈민이 되거나, 만주 등 국경 밖으로 삶의 터전을 옮길 수밖에 없었다.

일제강점기 당시 조선인의 약 70퍼센트가 농업에 종사했다. 쌀을 주식으로 삼았는데 일본으로 유출되는 쌀이 늘어나면서 조선인들의 쌀 소비가 급감할 수밖에 없었다. 당시 조선인의 1인당 쌀 소비량은 일본인의 절반에도 미치지 못했다. 조선 내 식량이 부족해지자 그 공백을 만주산 잡곡으로 메웠다. 값싸게 수탈한 조선 쌀은 일본 자본주의 체제를 유지하는 핵심 자원이 되었고, 조선은 식량 공급지로 고착되었다.

따라서 쌀 생산 증가를 근거로 일본의 식민지 지배가 조선인의 삶을 개선했다는 주장은 왜곡에 불과하다. 늘어난 것은 생산량이 아니라 수탈의 규모였고, 그 대가는 조선 농민의 빈곤과 이탈, 그리고 만성적인 식량 부족으로 고스란히 돌아왔다.

1931년 말 기준 공주 지역의 총인구는 119,586명이었다. 전체 인구 중 농업 인구는 89,409명으로, 무려 74.8%를 차지했다. 그리고 이 농업 인구의 대부분은 소작농이거나 극도로 빈곤한 자작농이었다.

공주 농촌에서 벌어진 야간 도주의 확산은 개인의 불행이 아니라, 식민지 수탈 구조 속에서 농민 다수가 더 이상 삶을 유지할 수 없게 되었음을 보여주는 집단적 비극이었다. 이는 공주뿐만 아니라 일제강점기 농촌 사회가 처한 구조적 붕괴의 단면을 생생히 드러내는 증거였다.

'단기 4268년' 졸업앨범 사건

1935년 3월 초, 공주고보 교정에는 졸업을 앞둔 청년들의 설렘이 가득했다. 그해 제9회 졸업생들은 반죽동의 '아루스 사진관'에서 만든 졸업앨범을 받아들었다. 앨범준비위원은 9회 최성희, 오연봉 등 몇 명이었다. 평범한 추억의 기록이 될 앨범은 그러나 뜻밖의 이유로 '사건'이 되었다. 앨범 첫 장의 졸업 연도가 문제였다. '서기' 대신 '단기 4268년'이라 적혀 있었던 것이다. '단기'(단군 기원) 표기는 곧 민족의식을 드러내는 상징이었다.

그뿐만이 아니었다. 내지에는 무궁화 사진을 넣고 그 밑에 한글로 '우리꽃'이라는 설명을 달았다. 무궁화 사진 양옆에는 권투선수 복장을 한 두 학생이 이를 지키는 모양새로 도안을 했다. 경찰은 이를 '불온행위'로 간주했고, 졸업식 직후 학생들은 모두 학교에 남아 조사를 기다려야 했다.

문제는 거기서 끝나지 않았다. 앨범의 마지막 장에는

1935년 공주고보 제9회 졸업앨범. 앨범 첫 장의 졸업년도 표기를 서기 대신 단기로 표시한 것과 내지에 무궁화 사진과 '우리꽃'이라는 설명을 단 것이 문제가 되었다. 경찰은 이를 불온한 행위로 간주하고 학생들을 조사했으며, 앨범은 전부 압수당했다.

졸업생들이 남긴 한마디씩의 글이 실려 있었다. 그 중앙에는 갓을 쓴 인물과 긴 담뱃대의 그림이 있었고, 그 옆에는 '혁명(革命)'이라는 단어가 적혀 있었다. 경찰은 이 그림과 문구에 조선인의 자의식과 독립의지가 담겨 있다고 판단했다.

사곡면에 살던 9회 박근식의 형이 자랑삼아 순사에게 보여준 게 사건으로 번지고 말았다. 졸업식을 마친 후 졸업생들은 전원 학교에 억류되어 경찰서의 지시를 기다려야만 하였다. 경찰에서는 졸업생들에게 각자 한 마디씩 쓴 글을 다시 써내게 하고 그것을 본 경찰서에서는 유제경 등 5명을 주모자로 지목해 경찰서에 연행하여 구금시켰다. 앨범은 전부 압수당하였다.

이 사건은 '중대 불온 사건'으로 분류되었고, 충남도 경찰부의 경무과장이 직접 신문을 진행했다. 체포된 지 며칠이 지난 뒤 유제경이 서장실로 불려갔다. 당시의 도경 고등과장은 악명 높은 '미와(三輪)'라는 자였다. 냉혹한 살기로 취조했지만, 며칠 동안 답답한 유치장 생활 끝에 유제경은 당돌하게도 고등과장을 물고 늘어졌다. 당당한 대응에 사법 처리로는 이어지지 않았고 앨범준비위원들은 경찰서에서 고초를 겪은 후 풀려날 수 있었다. 이들은 경찰의 요시찰 인물로 기록되었다.

땀과 피와 눈물로 가르친 자주독립 정신, 유제경

유제경은 본적은 천안이지만 공주군 계룡면 경천리에서 태어났다. 유경석·노마리아 부부가 경천에서 원명학교를 운영할 때 태어난 장남이다. 이름 끝자를 경천에서 따왔다고 한다. 1919년 3·1운동 때 천안 병천장터 만세시위의 주동자인 류중무(柳重武)의 손자이며, 유관순의 오촌조카이다.

유제경은 고보 졸업 다음해인 1936년, 소학교 교원 시험에 합격하여 은산보통학교 교사로 발령을 받고 교사 생활을 시작하였다. 이어 공주군 장기국민학교 6학년 담임교사로 있으면서, 기회가 있을 때마다 학생들에게 올바른 민족의식과 자주독립 정신을 고취하였다.

일제의 주목을 받던 유제경은 학생들의 졸업기념 사진첩에 "땀을 흘려라, 피를 흘려라, 눈물을 흘려라"라는 문구를 써준 것이 자주독립 사상을 고취시키는 행위라 하여 1941년 7월 일본 경찰에게 체포되었다.

1942년 2월 5일 경성고등법원에서 치안유지법 위반으로 징역 3년형이 확정되어 서대문형무소에 투옥되었다. 수형생활 중에 '해남도 파견 보국대'라는 이름으로 중국 하이난 섬에 끌려갔다가 돌아와서 1945년 2월 석방되었다.

국립대전현충원 독립유공자묘역의 유제경 묘소. 1941년 장기국민학교 교사 시절 치안유지법 위반으로 3년 징역형을 받고 서대문형무소와 하이난섬에서 복역했다.

'명랑크라브' 7인의 결사대

1936년 3월에 공주고보 2학년(14회)에 재학중이던 급우들끼리 항일결사 '명랑(明朗)클럽'을 조직하였다. 이들은 일제 식민통치에 항거하기 위해 계몽활동을 펴면서 민족의식 고양에 힘을 쏟기로 결의했다.

항일 비밀결사를 조직한 것은 공주고보 2학년 동기생인 구자훈(具滋勳), 김용갑(金溶甲)·김해인(金海仁)·천영관(千永寬)·최낙권(崔洛權)·김한석(金漢奭)·이용준(李鎔俊) 등이다. 이들은 영명학교 동산, 공산성 웅심각, 곰나루, 마곡사 등지에서 수십 차례 회동하여 조직의 명칭과 목적 및 구체적 활동 지침 등을 논의하였다.

일제의 감시를 피하기 위해 비밀결사의 명칭을 '명랑클럽'으로 정하였고, 일제 식민통치에 항거하기 위해 일본어 사용 및 신사참배 거부, 악질 일본인 교사 배척 등의 활동을 펼치는 한편, 민족의식을 고취하고자 미신·계급·반상(班常) 등 인습 타파, 문맹 퇴치, 무궁화 식수 장려 등의 계몽 활동을 전개하기로 결의하고 암암리에 실행하였다.

이들이 명랑클럽을 결성한 1936년은 제9회 졸업앨범에 단군기원 표기와 함께 '우리꽃' 무궁화를 인쇄해 큰 사달이 났던 다음 해이고, 손기정이 베를린올림픽 마라톤에서 우승하자 동아일보 등이 일장기를 지워 보도한 사건이 있던 해이다.

1940년 2월 졸업을 앞두고 공주읍 교외의 금강 부근에서 모인 명랑회 회원들은 함께 독립운동에 나서자고 결의하며 활동 방향에 대해 논의하였다. 이들은 일제 식민통치로부터 조선을 독립시키는 데 매진하기로 다짐하고 활동 방향을 논의하였다. 이들은 우리 민족의 독립과 해방을 달성하기 위해 반일 의식과 민족의식 고취에 앞장설 것을 결의하였다.

한편, 조선 독립을 위해서는 강대국인 미국과 영국의 원조가 필요하다고 판단하고, 미국인과 영국인 등 기독교 선교사들과 친분을 쌓는 한편, 조선인을 기독교에 입문시켜 미국과 영국에 친밀감을 갖도록 노력하기로 합의하였다. 또한 훗날 지도자가 되어 하층계급의 지식 향상에 힘쓰고 조국 독립을 위해 활동하자고 다짐하였다.

이들은 각기 사회활동을 하던 중 1942년 3월경 남선전기주식회사 대전지사에 근무하던 천영관이 반일적 언동을 하다가 체포되었다. "일제는 결국 패망으로 끝날 것"이라는 말을 한 것을 듣고 누군가 고발을 한 것이다. 대전헌병대의 가택 수색 과정에서 무궁화에 둘러싸인 명랑클럽 회원들의 사진이 발견되었다.

이로 인해 같은 해 4월부터 6월 사이에 명랑클럽 조직원들이 속속 체포되었다. 김해인은 대전, 최낙권과 김한석은 도쿄, 이용준은 만주국, 김용갑은 대구, 구자훈은 서울에서 체포되었다.

구자훈(具滋勳, 1921-1987)은 공주군 의당면 도신리에서 태어났다. 본관은 능성(綾城)이다. 1929년 의당공립보통학교에 입학하여 1935년 3월 졸업하고, 1935년 4월 공주고보에 입학하였다. 1936년 3월 중순 공주 영명학교 설립자인 미국인 감리교 선교사 우리암에게 감화받아 독립운동에 참여하기로 결심하였다. 1940년 3월 공주공립중학교 졸업 후 충남 서산군청의 고용원으로 약 1년간 근무하다가 1942년 1월부터 서울 본정(현 충무로)에 위치한 조선중앙주류배급조합에서 근무하다가 체포되었다.

김해인(金海仁, 1918-2006)은 1918년 대전군 가수원리(佳水院里, 현 대전광역시 서구 가수원동)에서 태어났다. 명랑클럽으로 징역 1년형을 선고받고 옥고를 치른 이후 대한민국임시정부와 연계한 본격 독립운동을 계획했다.

김한석(金漢奭, 1920-1950)은 1920년 경상북도 상주군에서 태어나 함창공립보통학교를 졸업하고, 1935년 4월 공주고보에 입학하였다. 1940년 3월 공주공립중학교를 졸업한 후 4월 일본 도쿄의 사립학교인 니쇼가쿠샤전문학교(二松學舍專門學校)에 입학하였다. 니쇼가쿠샤전문학교 3학년에 재학 중 공주공립중학교 시절 비밀결사 활동 사실이 드러나 1942년 8월 12일 도쿄 경시청에 붙잡혀 국내로 인도되었다.

천영관(千永寬, 1919-1965)은 충남 대덕, 김용갑(金溶甲, 1920-1995)은 충남 홍성, 최낙권(崔洛權, 1923-1947)은 충남 서천 사람으로 1935년 공주고보에 유학했다. 명랑클럽 활동으로 식민지 현실을 깨치고자 한 대가로 1942년 9월에 대전지방법원에서 소위 치안유지법 위반으로 각각 징역

1년형을 받고 수형생활을 하였다.

전가의 보도 치안유지법

일제는 1925년 제정한 '치안유지법'을 조선에 확대 적용해 독립운동을 범죄로 규정했고, 1936년에는 '조선사상범 보호관찰령'을 제정해 사상범을 지속적으로 감시했다. 1941년에는 '조선사상범 예방구금령' 등을 근거로, 재판 없이 독립운동가를 구금하기도 했다.

치안유지법은 일본이 1925년에 천황제나 사유재산제를 부정하는 운동을 단속하는 것을 목적으로 제정한 법률이다. 1923년 '간토 대지진' 직후의 혼란을 막기 위해 공포된 긴급칙령을 정식으로 법률화한 것이다.

본래 일본에서 공산주의 운동을 탄압하기 위해 제정된 치안유지법은 식민지 조선에 적용되면서 그 범위가 크게 확장되었다. 공산주의 계열뿐만 아니라 민족주의, 아나키스트 계열 등 모든 반제·항일 독립운동 세력이 이 법의 적용 대상이 되었다. 자연히 '사상범' 수감자가 급격히 증가했다.

조선총독부는 이 법을 이용해서 해방 전까지 거의 대부분의 독립운동 관련자들을 치안유지법 위반으로 처벌했다. 그런 의미에서 치안유지법은 일제 식민통치의 가장 강력한 도구였다.

삽을 든 소년들, '학교근로보국대'

1938년 6월, 조선 전역에 '학교근로보국대 실시 요강'이 공포됐다. 1년 전인 1937년 7월 7일 일본군이 중국을 침략하면서 발발한 '칠칠사변'은 순식간에 전면전으로 번졌다. 불과 반년 만에 중국 대륙의 주요 도시들이 일본군에 함락되고, 같은 해 12월엔 수도 난징마저 점령당했다. 전쟁이 장기화하자 일본은 인력난을 해결한다는 명분으로 조선의 학생과 청년을 강제 동원하기 시작했다. 학교근로보국대의 실적과 이후 전망을 조사하는 내용의 당시 기사를 보면 일제가 학교근로보국대에 어떤 기대를 걸었는지 가늠해볼 수 있다. 이는 일회적인 노동 동원이 아니라 앞으로 상시적인 노동 징발로서 가능함을 예고하는 것이었다.

학교근로보국대 실적소견을 조사

총독부에서는 지난 7월 하순 전 조선 학생 생도를 대상으로 인고단련(忍苦鍛鍊)주의의 체험을 일으키기 위하여 제1회의 근로봉사 작업을 실시한 바 있다. 이제 다시 시설 개선을 도모하고자 29일 각 도지사와 각 직활 학교에 금년도 학교근로보국대의 활동 실적에 관하여 다음과 같은 사항과 장래 연구를 요하는 사항 등에 대하여 의견을 준 바 있는데 통첩 사항은 아래와 같다.

1. 실시 기일과 기간에 관한 것

'공주공립중학교 근로보국대' 결성식을 하고 공주신사 앞에서 기념촬영을 하고 있다.

2, 사업 선정에 관한 것

3. 경비에 관한 것

4. 참가 학년, 참가 생도, 불참가 생도에 관한 것

5. 노동시간 및 휴식시간에 관한 것

6. 숙소에 관한 것

7. 기구에 관한 것

8. 수양과 오락에 관한 것

9, 각 도 지도본부의 지도에 관한 것

10. 본 사업의 계속적 시설에 관한 것

11. 기타 앞으로 연구를 필요로 하는 것

—1938년 8월 31일, 조선일보

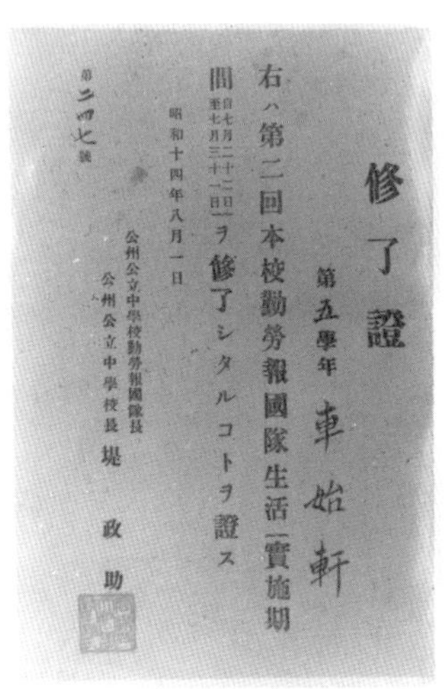

修了證

第五學年 車始軒

右ハ第二回本校勤勞報國隊生活ノ實施期間（自七月二十二日 至七月三十一日）ヲ修了シタルコトヲ證ス

昭和十四年八月一日

公州公立中學校勤勞報國隊長
公州公立中學校長 堤 政 助

第二四七號

공주고등학교《개교 60년사 사진첩》에 수록된 '근로보국대 수료증'으로, 학생 차시헌(車始軒)이 제2회 본교 근로보국대 생활을 수료했다는 내용을 담고 있다.

'학교근로보국대'는 이런 과정을 거치며 만들어졌다. 이름은 '보국(報國)'이었지만 실상은 '노동 징용'이었다. 중등학교와 청년단체 학생들이 군수공장, 광산, 비행장, 철도 건설 현장으로 끌려갔다.

공주지역도 예외는 아니었다. 공주고보 학생들은 유성 비행장 건설, 금학동 아연광에서의 채굴, 연기군 금남면 대평리와 나성리 제방 공사에 투입됐다. 농지 개량 공사, 제민천 하구 준설, 농산물 증산사업 등 이름만 바꾼 '전시

노동'이 이어졌다. 벼베기, 모심기, 자갈 줍기, 방공호 파기, 퇴비 생산, 토끼잡기까지 가능한 모든 노동에 학생들을 동원했다.

공주고 《개교 60년사 사진첩》에는 '근로보국대 수료증'이 실려 있다. 1939년 8월 1일자로 학생 차시헌이 근로보국대 생활을 수료했다는 증서이다. 또한 이 사진첩에는 학생들이 '나성리'에서 근로보국 작업을 수행하고 있는 모습, 하천변 등에서 작업 중인 모습이 등장한다. 또한 작업 전에 '공주신사' 앞에서 단체사진을 찍은 모습이 보이며, 깃발에는 '공주공립중학교 근로보국대'라고 적혀 있다.

근로보국대는 군대식 규율로 운영됐다. 호명, 구령, 점호, 사열이 일상화됐다. 삽과 곡괭이가 교과서 대신 손에 쥐어졌다. 유사시에는 전선 배치를 염두에 둔 '준군사조직'으로 기능했다. 그 혹독한 강제노동은 1945년 8월 해방의 날까지 이어졌다.

'퇴학전출부'와 수형기록이 남긴 건 처벌의 목록이 아니라, 시대에 맞선 얼굴들이다. 지역사와 독립운동사에서 잊힌 이름들을 복원하는 순간, 공주고보의 항일 역사는 현재형이 된다.

4부

전시 동원체제와 수난의 역사

어둠이 깊을수록 빛나는 의지

1930년대 후반, 대륙 침략의 야욕을 노골화하며 광기에 휩싸인 일제는 조선을 자국의 전쟁 수행을 위한 거대한 병참기지로 전락시켰다. 그들은 조선인의 신체뿐만 아니라 영혼까지 찬탈하기 위해 '내선일체(內鮮一體)'라는 기만적인 구호를 내걸고 민족의식을 마비시키려 혈안이 되었다. 조선인을 천황(일왕)의 충성스러운 신하로 만들려는 '황국신민화' 정책은 곧 우리 민족의 정체성을 뿌리째 뽑아내려는 거대한 폭력이었다.

이러한 말살 책동은 무엇보다 교육 현장에서 노골적으로 드러났다. 1938년 3월 발표된 '제3차 조선교육령'은 그 상징적 조치였다. 일제는 조선 교육의 독자성을 지우기 위해 종래의 '보통학교'와 '고등보통학교'라는 명칭을 일본인 학교와 동일한 '소학교' 및 '중학교'로 강제 통합했다. 이에 따라 충남 인재의 요람이었던 '공주공립고등보통학교' 역시 '공주공립중학교'로 교명을 개칭해야만 했다. 겉으로는 차별 없는 교육 체계를 내세웠으나, 실상은 조선의 청년들을 전쟁터로 더욱 쉽게 내몰기 위한 행정적 사전 포석이었다.

이름을 빼앗긴 것은 학교만이 아니었다. 공주고보가 둥지를 틀고 있던 본래의 땅 이름 '고상아리' 또한 일제의 정치적 의도 아래 난도질당했다. 일제는 1914년 행정구역 개편을 통해 이곳에 '대화정(大和町, 야마토마치)'이라는 새 지명을 부여했다. '대화(大和)'는 일본 정신의 정수인 '야마토'를 뜻하는 것으로, 공주의 상징적인 교육 공간에 일본의 정신적 낙인을 찍어 식민 통치의 정당성을 강요하려 했던 것이다.

학교의 이름이 바뀌고, 매일 딛고 서는 땅의 이름조차 일본식으로 불려야 했던 암흑의 시대. 일제는 교정에서 조선말을 금지하고 총검을 든 교관을 배치하여 학생들을 전쟁의 소모품으로 길들이려 했다. 그러나 질식할 것 같은 상황 속에서 비록 소극적이지만 저항은 멈추지 않았다.

사이토 마코토 총독과 공주고보

일제는 수많은 조선인을 감옥에 가두고 잔혹한 고문을 가해 목숨을 잃게 했다. 이러한 식민통치의 폭력은 조선 총독에게 집중된 절대 권력에서 비롯되었다. 총독은 일본 천황이 직접 임명하는 친임관으로, 일본군 군인(대장) 가운데서 선임되었다. 일본 내각이나 의회의 통제를 받지 않고 천황에게만 직속된 존재였다.

총독은 조선 주둔 육·해군에 대한 통솔권을 가졌고, 일본 본국의 법률을 대신하는 명령을 제정할 권한, 행정 전반에 대한 통제권, 사법부를 포함한 각 관청에 대한 감독권까지 행사했다. 이처럼 조선총독은 군사·행정·사법을 모두 장악한 사실상의 독재자였다.

사이토 마코토는 3대(1919.8-1927.4)와 5대(1929.8-1931.6) 총독이었다. 1919년 9월 2일, 사이토 마코토는 조선 총독에 취임하려 경성역(남대문역)에 도착하자마자 강우규 의사가 던진 수류탄을 맞았다. 본인은 옷에 파편이 박히는 등 경미한 피해에 그쳤지만, 3명이 사망하고 37명이 중경상을 입었다.

사이토는 재임 기간 중 여러 차례 공주를 방문했다. 1921년 9월 8일 오전 11시 공주에 도착한 사이토는 충남도청에서 관민 수십 명을 접견했으며, 이 자리에서 지역 유지로부터 당시 공주지역의 주요 현안이었던 공주고등보통학교 설립과 금강교 건립에 관한 질문을 받고 이에 답변하기도 했다. 간담회가 끝난 뒤 그날 저녁에는 약 20명의 관민을 도지사 관사로 초청해 만찬을 함께한 뒤 논산으로 이동했다.

사이토는 1925년 충청남도를 시찰하며 공주를 방문했

고, 6월 1일에 공주고등보통학교에서 기념식수를 하기도 했다. 1931년 11월 1일에도 사이토가 충남도청 선화당 앞에서 촬영한 사진이 남아 있다.

'조선의 히틀러' 미나미 지로의 공주고보 방문

1936년 6월 제7대 조선총독(1936.8.-1942.5)으로 부임한 미나미 지로(전 관동군사령관)는 조선 교육의 기본 방향으로 이른바 '조선 교육 3강령'을 제시하였다. 먼저 국체명징은 천황에 대한 절대적 충성을 뜻했고, 내선일체는 일본과 조선이 한 몸이라는 논리였으며, 인고단련은 고통을 참고 견디며 단련하라는 의미였다.

1938년에는 제3차 조선교육령을 공포하여 일본어와 일본사, 수신, 체육 교육을 대폭 강화하는 한편 조선어 사용을 사실상 금지하였다. 또한 '황국신민서사'를 제정하여 모든 조선인이 이를 암송하도록 강요하였다.

미나미 총독은 1938년 6월 2일 공주고보를 방문하였다.

공주중학교, 공주농업학교 생도 열병 후
영명실수학교도 방문

공주를 시찰한 미나미 총독은 2일 오후 2시 공주공립중학교에 이르러 동교 교정에서 공주중학교 및 공주농업학교 생도 730명의 열병을 행하였다. 때마침 쪼아 내리는 염천 하에 총독은 약 40분간에 걸쳐 교정에 서서 열병에 계속하여 장렬한 분열행진을 사열한 후 생도 일동에게 대하여 황국신민 된 교육 방침을 강조하고 훈시하였다. 특히 공주라는 점에 대하여는 '공주는 1천 수백년 전에 내선일체를 현현한 유서 깊은 곳이다. 그러므로 제군들은 학교에서 가정에서 이미 내선일체의 실친에 힘써, 오래 전의 공주에 다시 돌아가라. 전 반도에 대한 내선일체의 모범은 공주에 있다는 기개를 갖고 나아가지 않으면 안 된다'라고 열렬한 훈시를 하였다. (후략)

—1938년 6월 3일, 조선일보

미나미 총독은 이날 공주고보 본관 앞에 기념식수를 하였다고 하며 이어 예정에 없이 영명학교를 방문했다.

일제가 내세운 내선일체와 황국신민화 정책의 최종 목적은 침략 전쟁에 조선인을 동원하기 위해 조선인의 민족성을 말살하는 데 있었다. 미나미 지로는 내선일체의 실현을 명분으로 창씨개명을 강요하였다. 총독부는 1939년 11월 조선민사령을 개정하여, 이 법령에 따라 모든 조선인이 새로운 씨를 만들도록 하였다. 총독부는 창씨개명을 내선일체 완성의 상징으로 규정하고, 일본식 씨(氏)를 새로 만들어 조선인의 성본 제도를 해체하고자 하였다.

'성을 간다'는 표현을 최고의 모욕으로 여겨온 조선인

들은 창씨개명에 강하게 반발하였다. 이에 일제는 창씨를 하지 않으면 각급 학교 입학을 불허하고, 사상적으로 불순한 인물로 낙인찍는 방식으로 압박하였다. 교사와 행정기관까지 동원해 창씨를 독려하면서, 창씨개명은 사실상 강제적 동화 정책으로 시행되었다.

황태자 초상사진 모독 사건

각급 학교에는 미나미 총독의 교육방침에 따라 황국신민화 교육이 강화되었다. 공주고보도 마찬가지였다. 먼저 고보 정문을 통해 들어가면 오른쪽으로 20여 미터 지점에 '봉안소'를 만들어 일본 천황의 사진을 봉안해놓고 등하교 때 반드시 모자를 벗고 90도로 허리를 굽혀 절하도록 했다. 일본 천황에 대한 숭배 의식인 것이다.

사이렌이 울리면 일본 천황이 있는 동쪽(도쿄방향)을 향해 절을 하도록 강제했다. 바로 '궁성요배'다. 매일 학생들의 조례나 공식행사의 필수의례였다.

1939년 9월에는 '황국신민의 서사 비'를 고보 운동장 사열대 좌측 소나무 있는 곳에 세워, 학생들이 항상 보고 외우게 하였다. 아래와 같은 내용이다.

① 우리는 황국 신민이다. 충성으로써 군국(君國)에 보답한다.

충남도청 내에 있던 공주경찰서. 1922년에 공주우편국 부근으로 신축 이전하였다.

② 우리들 황국 신민은 서로 믿고 아끼고 협력하여 단결을 공고히 한다.

③ 우리들 황국 신민은 괴로움을 참고 몸과 마음을 굳세게 하는 힘[忍苦鍛錬力]을 길러 황도(皇道)를 선양한다.

1941년 8월 학교측은 종전의 교훈이던 '지성' '정진' '보은'을 바꿔 '황국남자다운 신념을 가져라' '황국남자다운 기백을 가져라' ' 황국남자다운 책임을 가져라'로 고쳤다. 교육으로 소질을 계발하는 것이 아니라 오히려 악용하고 일본 천황에 충실한 신민을 만들겠다는 저의를 노골화한 것이다. 이런 폭압 속에서도 고보생들의 민족의식은 살아있었다.

1944년 초여름, 공주고보에서 일본 황태자 초상(사진) 모독 사건이 일어났다. 남쪽 운동장 쪽에 있던 목조 단층 건물 교사의 복도 게시판에 일본 황태자의 근엄한 사진이 게시되어 있었다. 어떤 학생이 사진의 눈부분을 손톱으로 긁어 장님을 만들어놨다. 그러자 학생들이 너도나도 자국을 내서 나중에는 얼굴이 아예 뭉개져 버렸다. 보기 흉해서 그랬는지 얼마 후 사진이 치워졌는데, 나중에 학교측의 게시물 장부 조사에서 황태자 사진이 없어진 사실이 확인되어 큰 소동이 일었다.

마침 징병검사를 위해 고보에 파견 나와 있던 헌병 경찰이 이를 알게 되어 일이 커졌다. 1943년에 조선인 징병제, 1944년 1월에 학도 특별지원병 제도가 실시되어 징병검사가 고보 강당에서 진행되고 있던 도중이었다. 헌병이 교실로 들어와 곤봉과 포승줄을 휘두르는 등 험악한 분위기를 조성하며 자수하라고 다그쳤다. 아무리 윽박질러도 나오지 않자 학생들을 한 명씩 숙직실로 불러 주모자를 찾는다고 차례로 구타하며 강압 조사했다. 종국에는 양후석, 이종철 두 학생(22회)이 희생양이 되어 대전헌병대에 연행되어 3주간이나 조사받고 모진 고초를 겪었다.

공주고보 군사훈련과 단지 사건

1930년대 후반 이후 학교는 점점 전쟁을 준비하는 공간으로 바뀌어 갔다. 학생들은 교과서를 들기보다 군복에 가까운 복장을 입고 군대식 훈련을 받아야 했다. 이른바 '교련(軍事敎練)' 교육이다.

처음부터 학생들에게 군사훈련을 시킨 것은 아니었다. 일제가 조선을 강제로 병합한 직후, 오히려 조선인들은 군인으로 모집하지도 않았고 학생들에게도 군사교육을 시키지 않으려 했다. 무기를 소지하거나 다루는 방법을 가르쳤다가는 저항의 불씨가 될 수 있다는 판단이 깔려 있었다.

결정적인 변화는 전쟁과 함께 찾아왔다. 1931년 만주를 점령하고 1937년에 중일전쟁, 1941년에 태평양전쟁을 일으킨 일제는 조선을 완전히 '전쟁 수행을 위한 사회'로 바꾸려 한다. 군사교육은 선택이 아니라 필수가 되었고, 이름도 단순한 교련을 넘어 '전시 학도훈련'으로 바뀌었다. 학생들은 제식훈련을 하고 총검술을 익히고 군대식 구호를 외쳐야 했다.

태평양전쟁이 장기화되면서 교련은 더욱 노골적으로 변했다. 1943년 이후에는 '학도보국단' 같은 조직이 만들어져 학생들이 군사훈련뿐 아니라 공장 노동과 군수물자 생산에까지 동원된다. 그러나 강압적인 군사교육은 오히려 학생들 사이에 저항의식을 키웠다. 실제로 많은 독립운동가들이 이 시기 학생이었고, 학교에서 경험한 억압이 저항의 계기가 되기도 했다.

일제는 학교 교련교육을 점차 확대하여 1935년 8월부터 공주고보에도 군사훈련을 위한 배속장교(중위급)가 파견되었다. 초기에는 제식훈련을 하다가 점차 집총훈련과 전투훈련, 야외 작전연습까지 하게 되었다. 운동장은 연병장을 닮아갔고 학생들은 군인들처럼 교련사열을 받는 것이 학교의 연례행사가 되었다.

1938년 10월 말의 비 내리던 날, 야외군사훈련을 받던 당시 고보 5학년(13회) 학생들은 총기가 모두 비에 젖을 수밖에 없었다. 젖은 총기가 녹슬지 않도록 물기를 제거하고 바셀린까지 발라서 무기고에 반납하는 것이 규칙이었다. 하지만 빗속 훈련 강행에 대한 반감과 민족적 저항의식이 쌓인 학생들은 단체로 대충 처리하여 무기고에 반납하였다.

다음날 이것이 지적되어 교장보다도 위세가 셌던 배속장교와 담임교사를 위시해 주동자를 찾으려는 강압조사가 벌어졌다. 5학년 수업이 중지되고 교실에 감금되어 하루 종일 '불령선인(不逞鮮人)들' '불온사상자들' '전원 퇴학

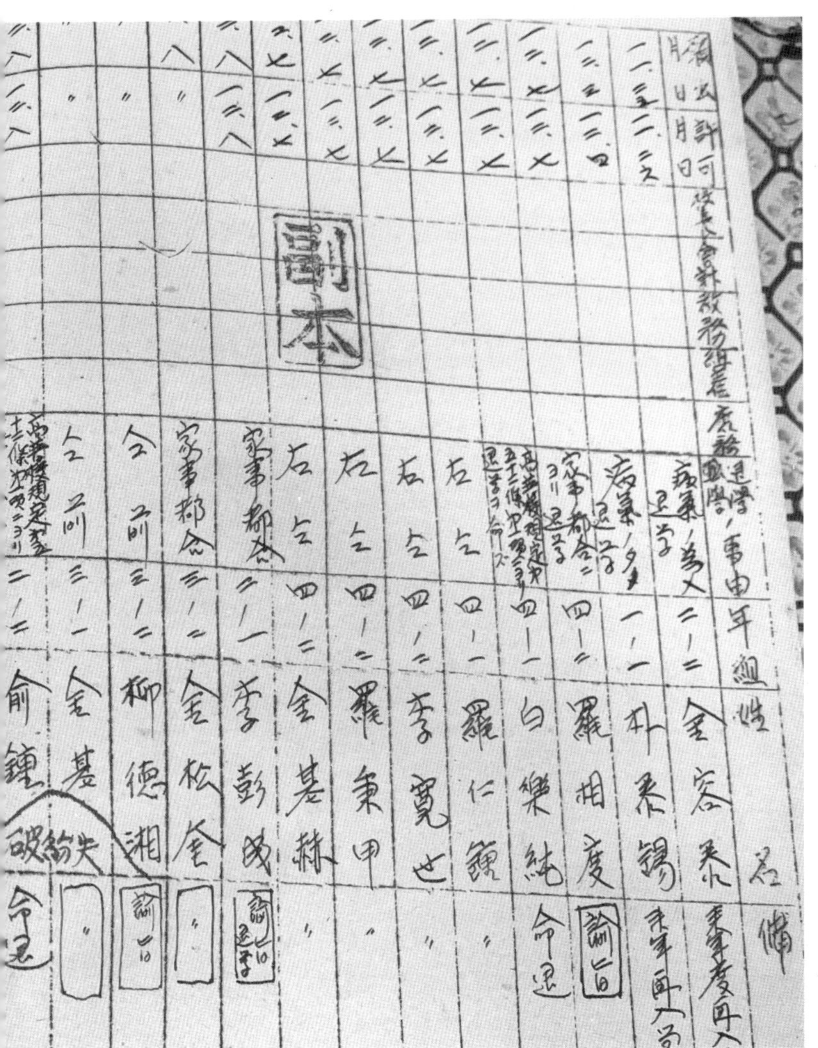

공주고등보통학교와 공주공립중학교의 '퇴학전출부' 기록. 화면 오른쪽의 네 번째부터 4학년 백낙순(白樂純), 나인종(羅仁鍾), 이관세(李寬世), 나병갑(羅秉甲), 김기혁(金基赫)의 이름이 등장한다. 이어서 화면 가운데 양쪽으로 4학년 김제능(金濟能) 윤상원(尹相遠)과 2학년 유종호(兪鍾浩)의 이름도 함께 보인다. 이들은 1929년 12월 공주고보 동맹휴학의 주동자로 지목되어 12월 7일과 8일 각기 퇴학 처분을 받았다.

감'이라는 협박과 '정직하게 나서면 처벌하지 않겠다'는 회유가 번갈아 진행되었다.

교실 밖에 고등계 형사까지 대기해놓은 상황에도 끝까지 해답을 찾지 못한 학교당국은 학생 전원에게 '다시는 이런 일이 없도록 하겠다'는 연판 서약을 받기로 했다. 결국 5학년생 70여 명 전원이 손가락을 자르고 혈판(血判)을 찍는, 공주고보 역사상 없었던 끔찍한 일을 겪게 되었다.

'공주고보·공주중 퇴학전출부'

공주고등학교에 전해 내려오는 기록물로 〈퇴학전출부〉가 있다. 공주공립중학교(고보 포함)의 1928년(단기 4261년)부터 해방 직후인 1946년까지 퇴학(출학 포함) 및 전학 학생 명단이 날짜와 사유와 함께 기록되어 있다. 정황상 여러 개의 문서에 있던 것을 해방 직후에 옮겨적은 것으로 보인다. 이 자료를 대조 분석해보았다.

① 1928년 이후부터 기록되었기 때문에 1928년 이전에 고보를 다니다 퇴학 또는 자퇴한 것으로 보이는 윤귀영(1905년생), 정용산(1907년생)의 이름은 나오지 않는다. 1927년 7월경 경찰 조사중 사망한 것으로 알려진 한홍손(4회)의 이름도 확인할 수 없다.

② 단기 4261년(1928) 4월 9일, 4학년 이철하(李哲夏), '배재고보에 전학출(出)'이라고 기록되어 있는데, 독립운동가 이철하가 아닐 가능성이 있다. 이철하는 3회 입학생으로 1927년 6월 말에 퇴학당하였다. 따라서 4261년 퇴학전출부에 있는 이철하는 동명이인일 가능성이 크다.

③ 단기 4262년(1929) 퇴학전출부를 보면, '1929년 12월 공주고보 동맹휴학'의 주동자로 지목되어 퇴학당한 학생들의 이름이 무더기로 나온다.

4학년(5회) 백낙순(白樂純) 나인종(羅仁鍾) 이관세(李寬世) 나병갑(羅秉甲) 김기혁(金基赫)이 12월 7일에 퇴학 처분 되었다. 다음날인 12월 8일에 4학년 김제능(金濟能) 윤상원(尹相遠)과 2학년(7회) 유종호(兪鍾浩)가 퇴학 처분되었다.

위 8명의 퇴학 사유는 "고보교(高普校) 규정 제52조 제1항 2에 따라 퇴학에 명함"이라고 되어 있다(근거가 된 교칙은 확인하지 못하였다). 그리고 하단에 '명퇴'(命退, 퇴학을 명함)라고 똑같이 써있다.

1학년(8회) 최복기(崔福基) 서종진(徐鍾振)도 위와 똑같은 사유로 이듬해(1930) 3월 24일에 퇴학 처분되었다. 이 둘을 포함하면 1929~30년에 10명이 퇴학 처분되었다.

4학년 나상도(羅相度)는 1929년 12월 7일에, 3학년(6회)

서울 안산에서 내려다본 서대문형무소역사관 전경. 화면 가운데 아래쪽에 보이는 것이 12옥사이며 그 뒤로 보이는 것이 중앙사(中央舍)이다. 중앙사에서 사선으로 연결된 건물이 11옥사이며, 그 뒤로 10옥사와 9옥사가 보인다. 화면 오른쪽 상단 구석에 있는 것이 사형장과 그 시신을 바깥으로 내보내던 시구문이다.

김송규(金松奎)는 12월 8일에 "가사 사정" 사유로 퇴학 처분된 것으로 나오고, 같은 3학년 이상돈(李相敦)은 이듬해인 1930년 4월 7일에 "병기 퇴학"으로 기록돼 있다. 이 둘도 동맹휴학의 주동으로 알려져 있다. 이 세 명을 포함하면 총 13명이다.

그런데, 12월 8일에 김송규 나상도와 같은 '가사 사정' 사유로 퇴학 처분된 사람은 4명이 더 있다. 2학년 이팽성(李彭成), 3학년 유덕상(柳德湘) 김기0(金基0), 4학년 유진호(兪鎮浩) 등이다. 이들도 동맹휴학의 주동이어서 퇴학된 것인지 다른 사유인지 확인할 길은 없다. 다만 위 6명에게 '유지(諭旨)' 퇴학이라고 동맹휴학 주동자들과 똑같이 적혀 있어 학교장의 청구에 의한 퇴학임을 특별히 기록해놓았다.

④'1932년 3월 격문 사건'의 주동자인 이도원(李道元)과 구자명(具滋明)은 그 전인 4263년(1930) 9월 4일에 '가사 사정 퇴학' 처분되었다(당시 2학년).

박명렬(朴命烈)은 2번 나오는데 한자가 같다. 한번은 4262년(1929) 12월 23일에 2학년 2반 박명렬, '병기에 의한 퇴학/재입학 희망'으로 기록되었다. 다른 한번은 1년 후인 4263년(1930) 7월 9일, 2학년 1반 박명렬, '병으로 퇴학'으로 적혀 있다. 후자가 격문 사건·공친회 사건의 박명렬로

보인다.

이들과 1932년 3월 격문 사건의 공범인 안병두, 이영근의 이름은 찾지 못했다. 별도로 존재하는 역대 기수별 '졸업자 명부'에서도 찾지 못했다. 이 둘은 공주고보에 다니지 않았을 가능성이 크다.

결국 이도원, 구자명, 박명렬, 안병두, 이영근 등 공주공립보통학교(현 중동초등학교)를 같이 다녔고 항일 활동을 같이 할 정도로 절친했던 5명 중 이도원, 구자명, 박명렬 3명만이 공주고보(6회)를 다니다가 퇴학당한 것으로 보는 것이 자연스럽다.

⑤'1932년 3월 격문 사건'의 김순태(金淳泰) 노수남(盧壽男)은 쇼와 7년(1932년) 3월 11일에 같이 퇴학 처분되었는데 3학년 1, 2반으로 각각 적혀 있어 8회로 추정되며, "학칙 제14조 제1항의2에 따라 퇴학을 명함"이라고 기록되었다. 그런데 그들의 동지로 알려진 유석순의 이름은 퇴학자 명부에 나오지 않는다.

민족정신 서린 공주형무소

일제 경찰에 체포되면 피의자는 먼저 공주경찰서에 유치되어 조사를 받았다. 사건의 성격에 따라 조사가 비교적 짧게 끝나는 경우도 있었지만, 기한 없이 장기간 이어지는 경우도 적지 않았다. 공주경찰서는 원래 충남도청 경내, 즉 현재의 사대부고 운동장 끝자락에 위치해 있었으나, 공주고보가 개교한 1922년 10월 공주우편국 인근으로 이전하였다. 이곳은 훗날 충남금융조합연합회관이 신축된 자리 옆이었다. 순서로 하자면 공주경찰서가 먼저 들어서고 다음 해인 1923년에 금융조합연합회관이 인접해 건축된 것이다.

조사가 끝나 검찰 송치가 결정되면 피의자는 공주형무소로 이송되어 수감되었다. 형무소 이전에는 향옥(鄕獄)이 있었다. 조선시대 향옥은 충청감영에서 약간 떨어진 제민천 하류, 교동 벌판에 있었다. 모습은 지름 30미터의 원옥 형태로 3미터 높이의 담장을 둘러치고 있었다. 일반 범죄자들과 함께 19세기와 20세기 초에 걸쳐 천주교(서학), 동학농민혁명, 의병 운동 등과 관련된 수많은 사람들이 수감되었던 곳이다. 수감자 중에는 감옥에서 옥사하거나 교수형 등으로 사형되거나 혹은 본보기 삼아 황새바위에서 공개적으로 사형 집행을 당하는 이들도 있었다.

공주감옥은 1923년 공주형무소로 개칭하였다. 1914년에 기존 공주감옥이 좁고 낡아 제민천변의 땅에 새롭게 지어 이전한 바 있었는데, 명칭까지 감옥에서 형무소로 바꾼 것이다. 일제강점기 형무소 생활은 수감자에게 사실상 최악의 형벌이었다. 좁디좁은 감방에서 참을 수 없는 더위와 혹한, 극심한 배고픔과 질병에 시달려야 했다. 경찰 조사 과정에서 이미 가혹한 고문을 당한 상태였지만, 상처를 치료받을 기회조차 없이 곧바로 수감 생활에 들어가는 경우가 대부분이었다. 감옥 그 자체가 사상과 신념을 포기하도록 강요하는 고통의 연속이었고, 삶과 죽음의 경계선에 놓이는 공간이었다.

특히 겨울철의 상황은 참혹했다. 난방시설이 전혀 없는 감방에서 수감자들은 솜옷 한 벌에 의지해 혹한을 견뎌야 했고, 엄동설한에도 얇은 여름옷을 그대로 입은 채 생활하는 경우도 있었다.

가장 극심한 고통은 배고픔이었다. 수형생활 몇 개월이 지나지 않아 건강했던 몸은 급속히 쇠약해졌고, 면역력이 떨어져 감기와 말라리아 등 각종 질병에 시달렸다.

1937년 중일전쟁, 1941년 태평양전쟁 도발 이후 전시체제로 전환되면서 식량 사정은 더욱 악화하였다. 형무소에 정상적인 식량이 공급될 리 없었고, 배식된 음식은 개나 돼지에게 주기에도 미치지 못할 정도였다고 전해진다. 최소한의 영양분조차 공급받지 못한 수감자들은 영양실조와 각종 질병에 시달렸고, 이철하의 경우처럼 출감 후 얼마 지나지 않아 사망하는 경우도 비일비재했다.

비위생적인 환경과 영양 부족으로 면역력이 저하된 수감자들은 피부병, 장티푸스, 발진티푸스, 치질 등에 쉽게 노출되었다. 여기에 신체적·정신적 고문으로 인한 후유증까지 겹쳤다. 취조 과정에서 당한 가혹한 폭행으로 복막염과 늑막염, 골절이 발생한 사례도 많았으며, 겨울철에는 대부분이 동상에 걸렸다. 고문과 정신적 충격으로 인한 신경통과 정신적 공황 상태 역시 흔했다.

이러한 환경 속에서 전국적으로 옥중 사망자는 해마다 증가했다. 1930년 145명, 1931년 143명, 1932년 189명, 1933년에는 215명에 이르렀다. 안창호는 1937년 12월 24일 병보석으로 출옥했지만, 불과 석 달 뒤인 1938년 3월 11일 순국했다. 이처럼 병세가 악화되어 죽음이 임박하자 형식적으로 병보석을 허가해 감옥 밖으로 내보내는 사례가 흔했다.

1941년 태평양전쟁 이후에는 각 형무소도 전쟁 수행에 동원되었다. 수감자들은 '보국대'라는 명목으로 비행장 관리에 동원되거나, 유제경처럼 중국 하이난(해남)도 등지로 보내져 전쟁물자 생산과 군사 시설의 건설과 유지 등에 강제 동원되었다.

공주형무소는 근대적인 감옥 시설이 갖추어진 만큼 수감자의 수도 점점 늘어났다. 1925년경 공주형무소의 수감자는 남자 331명, 여자 41명으로 372명이었는데, 1년 후 1926년에는 대폭 늘어나 총 892명이나 되었다. 당시 수감자의 대부분이 절도죄로 수감되었으며, 그 다음이 사기,

살인, 방화사건 등의 범죄로 수감되었다. 그러나 일제의 억압이 심해질수록 항일독립투사들이 종종 수감되었다.

공주감옥 시절에 홍주의병의 중심이자 대한독립회복연구단의 지산 김복한(金福漢, 1860-1924)이 옥고를 치렀다. 충청과 영남의 유림 137명이 참여한 파리장서(파리 강화회의에 보내는 독립청원서)에 참여한 김복한은 1919년 6월 체포되어 보안법 위반 혐의로 징역 1년형을 선고받고 공주감옥에서 수감생활을 하다가 병보석으로 풀려났다.

천안 아우내 독립만세시위로 체포된 유관순(柳寬順, 1902~1920)은 1919년 4월 10일 공주형무소에 수감되었다. 재판을 받기 위해 나갔던 어느 날, 뜻하지 않게 오빠 유우석(柳愚錫, 1899-1968)과 마주쳤다. 같은 날 같은 시각, 즉 1919년 4월 1일 오후 2시 아우내와 공주에서 동시에 일어난 만세시위로 체포되어 각각 수감된 남매였다. 유관순은 그때까지도 부모(유중권, 이소제)가 만세시위 도중 일제의 총검에 숨졌다는 사실을 알지 못했다. 유우석은 체포과정에서 입은 부상으로 재판정에 나올 때 인력거에 실려나올 정도로 상태가 심각했다.

1919년 5월 9일, 공주지방법원에서 1심 판결이 내려졌다. 유관순에게 선고된 형량은 징역 5년이었다. 그녀는 판결에 불복해 경성복심법원에 항소했고, 결국 형량은 3년으로 확정되었다. 숙부 유중무(柳重武, 1875-1956) 역시 3년

유관순 열사가 수감되어 있던 서대문형무소 여옥사 8호실. 2015년 서대문형무소역사관을 찾은 하토야마 유키오 전 일본 총리는 8호실에서 유관순 열사가 아우내장터에서 만세운동을 주도하고 옥고를 치르다 숨지기까지의 연표를 일일히 읽고 "부모님이 다 (만세운동) 현장에서 돌아가셨느냐", "고문은 지하에서 받았느냐"는 등의 질문을 던지기도 했다.

형을 받았으나 항소를 포기해 공주감옥에서 복역했다. 유우석 또한 징역 6개월과 집행유예 2년을 선고받았다.

부여에서 활발히 사회주의계열 독립운동을 벌인 유기섭(柳基燮, 1905-1936)은 1931년 체포되어 서대문형무소에서 징역 1년의 옥고를 치른 후 1932년 출옥했으나, 1933년 10월 다시 체포되었다. 1935년 11월 공주지방법원에서 치안유지법 위반 혐의로 징역 3년형을 선고받고 옥고를 치르던 중 1936년 5월 21일 공주형무소에서 순국하였다.

1920년대 만주지역 항일무장투쟁의 맹장 오동진(吳東振, 1889-1944)도 공주형무소에서 순국하였다. 그는 평북 의주에서 태어나 평양의 대성학교를 마치고 3·1운동 참여 후 만주로 망명하여 대한청년단연합회, 광복군총영을 연이어 조직하여 국내로 진공, 지방 경찰서와 군청 등 일제 통치기구를 폭파하는 무장투쟁을 벌였다. 이후 대한통의부, 정의부 등 무장투쟁단체를 지휘하여 수많은 일제 관공서를 파괴하고 그 관리와 밀정 등을 무수히 처단하였다. 1927년 12월 체포되어 무기징역을 선고받고 서대문형무소에 이어 공주형무소에서 수형생활하던 중 1944년 12월 1일 순국하였다.

수형기록카드 6,264장의 증언

일제강점기 수감자에 관한 주요 기록으로는 판결문, 수형인명부, 집행원부, 형사사건부, 그리고 수형기록카드 등이 있다. 이 가운데 수형기록카드는 주로 사상범에 관한 자료로, 수형자의 사진과 상세한 수형 정보가 함께 기록되어 있다. 이 자료는 '일제 감시 대상 인물 카드'라는 성격을 지니며, 현재까지 총 6,264장이 남아 있다.

수형기록카드에는 사진 촬영 연월일과 장소, 보존 원판 번호를 비롯해 이름과 이명(異名), 지문 번호, 연령, 신

서대문형무소역사관의 전시관 2층 민족저항실 3실의 전시 모습. 4,800여 장의 인물 카드로 벽면을 가득 채웠다. 일제강점기 당시 수형기록카드(주요 감시대상 인물카드)로 국가등록문화유산으로 지정되었다. 원본은 국사편찬위원회가 소장하고 있으며, 온라인으로 검색 서비스를 제공하고 있다. 오른쪽은 위에서부터 박명렬(1935년 5월), 이도원(1933년 1월), 정용산(1934년 9월), 정용산(1935년 1월)의 수형기록카드이다.

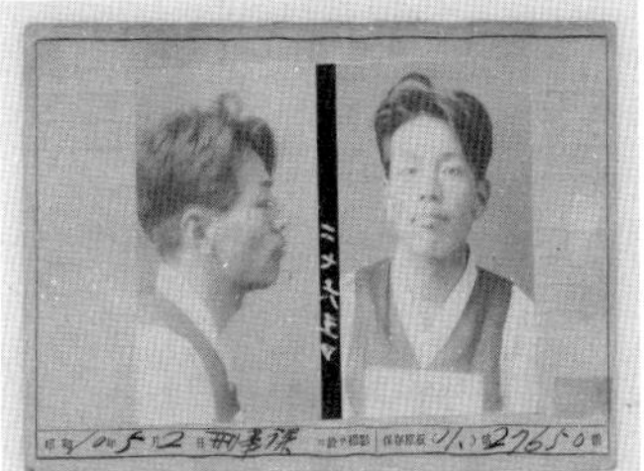

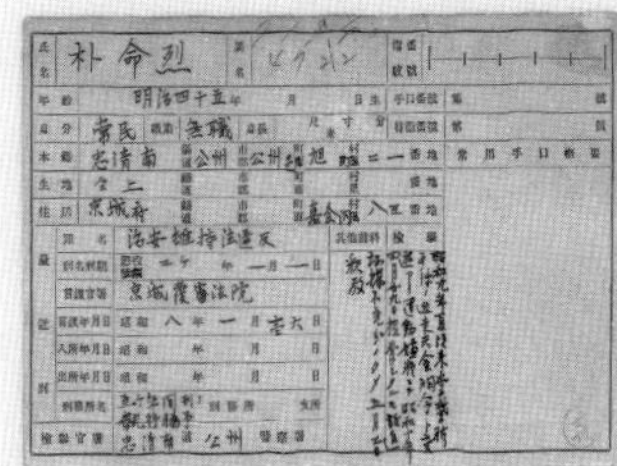

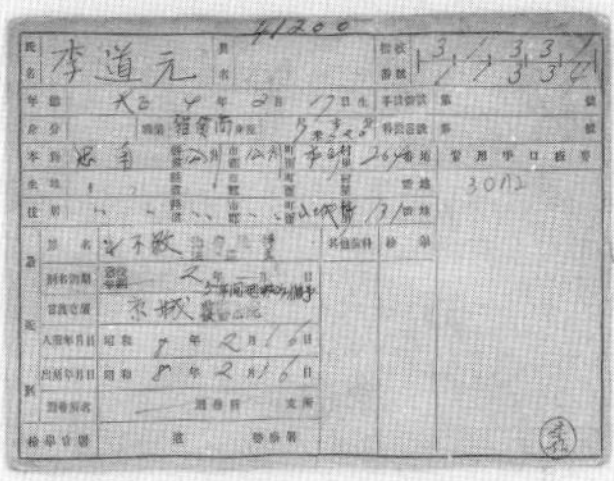

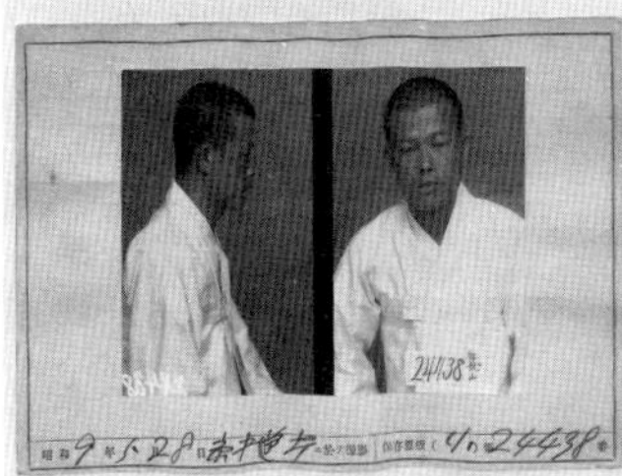

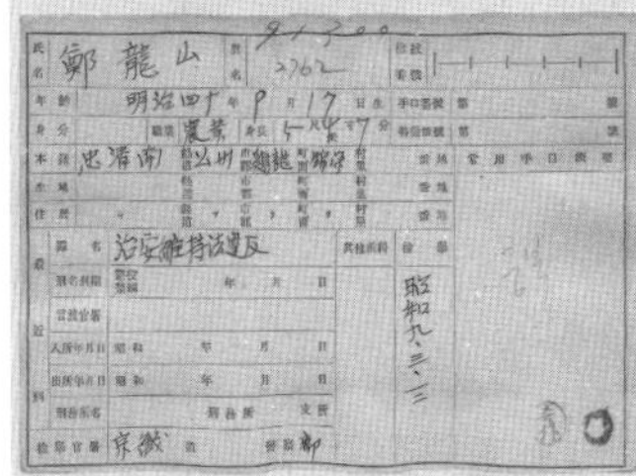

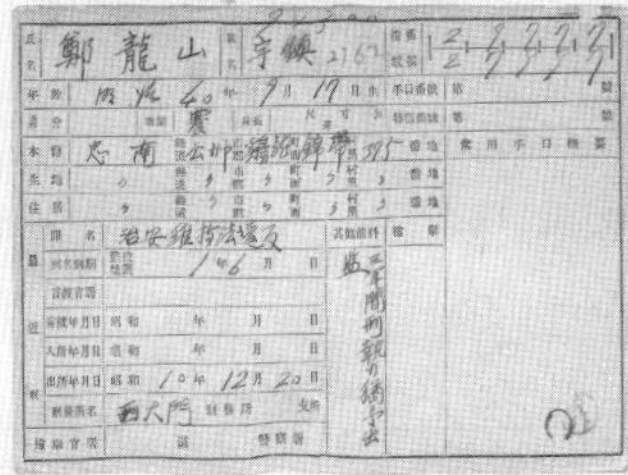

분, 직업, 신장, 본적, 출생지, 거주지 등 기본 인적 사항이 기재되어 있다. 또한 기소된 죄명과 위반 법률, 형기, 판결 관서와 연월일, 입소 및 출소 연월일, 수감 형무소, 검거 관서, 검거 일자, 범죄 수법의 개요 등까지 상세히 기록되어 있다.

수형자의 사진은 두 차례 촬영되었다. 체포되어 조사를 받을 당시 경찰서에서 1차로, 이후 기소되어 구속된 뒤 형무소에서 2차로 촬영되었다. 경찰서에서 찍은 사진은 체포 당시의 평상복 차림인 반면, 형무소에서 촬영된 사진은 수인복을 입고 머리를 삭발당한 모습이다.

이 가운데 연령이 확인되는 것은 4,377장이었다. 이 중 20대가 2,517명으로 전체의 57.5%를 차지해 가장 많았고, 30대가 870명(19.9%)으로 그 뒤를 이었다. 이어 10대가 462명(10.6%), 40대가 332명(7.59%) 순이었다.

총 4,630명의 수형기록카드에는 적용된 죄명이 기록되어 있는데, 그 종류만 해도 38종에 이른다. 이 가운데 치안유지법 위반이 2,745명으로 가장 많았고, 보안법 위반이 2,171명, 국가총동원법 위반이 479명으로 뒤를 이었다. 치안유지법, 보안법, 소요죄, 출판법 위반, 폭력행위 처벌에 관한 법률 위반, 폭발물취체법 위반, 불경죄 등이 전체의 약 80%를 차지했다.

현재 남아 있는 수형기록카드 가운데 가장 마지막 번호

는 65,194번이다. 이는 최소한 65,193명 이상이 일제의 식민지 질서에 저항하거나 그에 맞섰다는 사실을 시사한다. 수형기록카드 6,264장은 2018년 국가등록문화재로 지정되었다.

공주고보 출신으로서 수형기록카드가 남아있는 이는 이철하, 정용산, 이도원, 박명렬, 유제경 등이다. 모두 서대문형무소에 수감되었을 때 작성된 기록이다.

공주에서 만주로, 공주고보인 강범진의 파란만장

강범진(範範鎭, 1907-1981)은 공주군 신상면 유구리에서 태어났다. 1927년 공주고보 1회 졸업 직후 고향을 떠나 만주로 망명해 독립군에 가담했다. 만주지역은 1910년대부터 해방 때까지 독립운동의 본산 역할을 했다. 일찍이 이회영과 함께한 공주사람 이은숙, 이관직 등이 지린성 삼원보에 자리잡은 것이 1910년 겨울이고, 이들이 신흥무관학교의 전신인 신흥강습소를 설립한 것이 1911년 6월이었다.

강범진은 만주에서 조선공산당 만주총국에 가입하였다. 1926년 5월 16일 지린성 쭈허현 일면파에서 조봉암과 최원택 등이 중심이 되어 조직한 조선공산당의 국외 조직이다. 그는 옌지현 노도구 지방 지부 책임자가 되어 청년운동을 하였다. 1928년 조선공산당 재건위원회를 조직하였고, 1929년 조선혁명당과 국민부에 가입하여 북간도 지역을 중심으로 활동하였다.

1932년 중국 항일구국군 총사령부 특무소위에 임명되어 활약하던 중 하얼빈에서 체포되었다. 1933년 3월 20일 신의주지방법원에서 치안유지법 위반 죄명으로 2년 6개월 형을 선고받고, 신의주형무소에서 옥고를 겪었다. 선고 당시 소속은 중한농민협회였다. 1935년에 수형을 마치고 대한민국임시정부의 한국독립당에 가입하여 활동하였으며, 1937년 다시 만주로 넘어가 중국 제29군 지하공작대에 입대하여 활약하였다.

한국독립당은 1930년 상하이에서 결성된 대한민국 임시정부의 여당이었다. 이동녕·안창호·김구·김두봉·조완구·조소앙 등이 중심이 되어 집권당 역할을 하며 임시정부와 임시의정원을 이끌었다.

일본 공출제도와 금영측우기

침략 전쟁을 일으킨 일제는 식민지 조선에서 전쟁 수행에 필요한 인력과 물자를 강제로 동원하였다. 1937년 7월, 일본은 중일전쟁을 일으키고 전쟁 수행을 위해 모든 인적 물적 자원을 총동원할 필요에 직면하였다. 이에 따라 1938년 4월 '국가총동원법'을 제정하여, 의회의 승인 없이도 노동력과 물자, 금융과 자본, 산업 관련 단체, 가격, 언론과 출판까지 정부가 직접 통제할 수 있도록 하였다. 이

빗물을 그릇에 받아 강우량을 재는 측우기는 조선 세종 대에 처음 만들어진 후 여러 차례 다시 만들어졌다. 《조선왕조실록》 세종 23년(1441년) 8월 18일자 기록에 의하면 기상관측 기관인 서운관(書雲觀)에 대(臺)를 설치해 비를 받아 강우량을 측정했다고 하며, 이후 측우기를 만들어 전국의 감영에 내려보냈다.

법은 조선에도 그대로 적용되었다.

1941년 12월, 일제가 무모하게 태평양전쟁을 일으킨 이후 통제는 한층 강화되었다. 젊은 남성들은 대부분 전쟁터로 끌려갔고, 광산과 공장에서 일할 노동력이 급격히 부족해졌다. 전쟁이 장기화하자 병력과 군수물자 모두가 부족해졌고, 야스쿠니신사의 동문과 철문을 해체해 전쟁물자로 사용할 정도에 이르렀다.

식민지 조선인에게는 선택권이 없었다. 일제는 1939년부터 1945년까지 조선에서 약 780만 명에 이르는 노무자와 군인, 군속(군무원)을 강제로 동원한 것으로 추산된다. 이들은 한반도뿐만 아니라 일본 본토, 남사할린, 만주, 중국, 태평양과 동남아시아 각지로 끌려가 그곳에서 가장 힘들고 위험한 일을 떠맡았다.

인력 동원과 함께 물자 수탈도 극심하게 이루어졌다. 일제는 부족한 군수 물자와 식량을 확보하기 위해 '공출(供出)'이라는 이름으로 각종 물자를 강제로 거두어들였다. 한반도에서 생산한 쌀의 절반이 공출 대상이 되었고, 보리와 밀, 밤까지 거둬갔다. 가정에서 사용하는 온갖 쇠붙이는 물론, 사찰의 범종과 불상, 교회의 종까지 공출되었다. 경성의 연희전문학교 교정에 세워져 있던 선교사 언더우드의 동상, 공주 영명학교에 세워진 우리암 교장의 흉상도 전쟁물자로 압수해 갔다. 우리암 동상은 1937년 10월, 개교 30주년 기념으로 세워진 것이었다. "파내자, 가정광맥"이라는 캠페인도 벌여 집에서 쓰던 놋그릇, 화로, 세숫대야 등 온갖 쇠붙이가 공출되었다. 공주고보의 모표(帽標)를 장식하는 금속부분도 모조리 떼어내야만 했다.

문화유산에도 큰 피해를 남겼다. 쇠나 구리로 만든 조선시대 측우기가 남아 있지 않은 이유도 이 때문이다. 오로지 금영측우기 한 점만이 남아 2020년 국보 제329호로 지정되었는데, 이는 1837년(헌종 3)에 제작하여 공주의 충청감영(錦營)에서 사용하던 측우기이다. 1904년 러일전쟁 당시 임시 관측소장으로 조선에 왔던 일본인 기상학자 와다 유지는 이후 조선총독부 산하 관측소장을 맡았었는데, 1915년 '조사' 명목으로 금영측우기를 일본 기상청으로 반출했었다. 해방 이후 여러 노력 끝에 1971년 한국문화재반환운동으로 돌려받아 현재 서울 종로구에 있는 국립기상박물관에서 전시하고 있다.

학생독립운동 국가유공자
서훈을 위하여

"왜 어떤 분들은 훈장을 두 번, 세 번 받았나요?"

종종 이런 질문을 받을 때가 있습니다. 여기엔 사연이 있습니다. 1962년 정부에서 독립유공자에 대한 서훈을 처음 시행했습니다. 1등 중장(重章), 2등 복장(複章), 3등 단장(單章)으로 나눠 205명을 선정했습니다. 해방 후 17년이나 지나서 뒤늦게 시행한 것입니다. 1961년 5.16쿠데타로 집권한 박정희 정권이 취약한 정통성을 보완하기 위해 첫 3·1절을 맞아 독립운동 서훈을 시작했다고 합니다.

당시는 무엇보다 '누가 나라를 위해 헌신했는가'를 정리하는 것이 급했지만 자료가 부족해 '큰 공로가 있느냐 없느냐'를 중심으로 이루어졌다고 합니다. 1970~80년대를 거치며 서훈 제도는 점점 정교해져서 훈장의 종류와 등급도 세분화되고 이미 서훈을 받은 사람이라도 다른 공적이 있으면 다시 평가할 수 있게 되어 이때부터 '중복 서훈'이 본격적으로 나타납니다.

1987년 민주화 이후에는 과거의 서훈이 충분했는지, 혹시 빠진 공적은 없었는지 다시 살펴보는 재검토가 시작되었습니다. 학생운동, 문화운동, 비밀결사 활동처럼 이전에는 제대로 평가받지 못했던 독립운동의 형태들이 새롭게 조명되었습니다. 과거에 낮은 등급으로 서훈되었던 인물이 상향 서훈을 받는 일, 아예 다른 성격의 공로가 인정되어 또 하나의 훈장을 받는 일도 생겼습니다.

독립운동은 몇몇 영웅의 서사가 아니라 이름 없는 다수의 참여로 이루어진 집단적 투쟁이었습니다. 2025년 현재 독립유공자 서훈 누계는 1만8,664명이지만 독립운동 참여 인원은 약 300만 명에 이른다고 합니다. 독립유공자 서훈은 엄정해야 하지만 그 엄정함 때문에 일제 식민 권력이 남긴 기록이 가장 중요하게 취급돼 온 것이 사실입니다. 조사 및 수형기록, 판결문, 경찰 보고서가 없으면 공적을 입증하기 어려웠습니다. 항일 독립운동은 그 성격상 기록을 남기기가 어려웠는데 바로 그 점 때문에 일제에 의해 기록이 남은 활동 이외에는 찾기 어려웠고 인정받기 힘들었습니다.

그래서 공주고보 출신의 항일 활동과 독립운동도 연구

하고 조명하기가 어려웠습니다. 현재까지 공주고보 출신으로 10여 명의 국가유공자가 확인되는데, 아직 학적 여부가 불분명한 분들이 더 있습니다. 이후 계속된 조사, 연구로 국가유공자로 인정받지 못한 분들 가운데 적어도 20여 명의 활동을 추가 확인할 수 있었습니다. 이러한 미서훈 독립운동가 발굴과 이들에 대한 서훈은 역사를 바로 세우는 작업이라고 생각합니다.

공주고보는 물론 공주지역의 모든 독립운동가들에 대해 다양하고 꾸준한 발굴 노력과 연구작업이 필요합니다. 따지고 보면 1945년 해방으로부터 80년밖에 지나지 않았고 1926년 6·10만세운동으로부터 100년밖에 지나지 않았습니다. 우리가 어떻게 노력하는지에 따라 독립운동 기록을 찾는 일에 성과를 거둘 수 있을 것입니다.

가까운 역사도 기억하지 못하는 것, 또한 가깝기 때문에 소중한 역사를 소홀히 여기는 것은 바로잡아야 합니다. 우리 모두가 할 일이라고 생각합니다. 읽어주셔서 고맙습니다.

부록 1

공주고보 학생독립운동 관련 주요 일지(1922~1946)

1922년	4월 22일	'공립공주고등보통학교'(5년제), '충남도립사범학교'와 함께 설립 인가
1922년	4월 29일	공주고보, 충청남도청에서 입학식 개최
1922년	5월 11일	공주공립보통학교(현 중동초등학교) 교실에서 수업 개시(개교 기념일)
1924년	6월	대화정(중학동)에 기숙사 · 교사 신축해 입주
1925년	4월 1일	'공주공립고등보통학교'로 명칭 변경
1925년	6월 1일	사이토 마코토 총독 공주고보 방문
1926년	5월 1~3일	순종 별세 동맹휴학
1926년	6월 10일	순종 인산일 추모집회
1927년	3월 5일	고보 제1회 졸업식(44명) 개최
1927년	7월 2~5일	이철하 퇴학, 한흥손 사망에 항의 동맹휴학
1927년	9월	'신간회' 공주지부 창립
1928년	3월	'공주소년동맹'(집행위원장 윤귀영) 창립
1928년	5월	'공주공립고등여학교' 개교
1929년	12월 1~8일	7일간 동맹휴학(전국적인 광주학생독립운동 연계) 14명 퇴학처분

1930년	3월	동맹휴학 관련 윤귀영 · 이관세, 징역 6월 집행유예 2년 선고
1930년	3월	가루베 지온 교사 주도로 고보 '향토실' 개관
1930년		도청 이전 반대운동이 시작됨
1930년	4월	이철하, 경성지방법원에서 징역 4년 선고
1931년	4월	공주군 공주면이 공주읍으로 승격
1932년	3월	고보 1학년 역사(일본사) 시험 백지답안 제출사건
1932년	3월	반제 격문 사건, '공친회' 비사 적발(김순태 노수남 구자명 박명렬 이도원 등 체포)
1932년	5월 11일	고보 개교 10주년 기념행사
1932년	10월	충남도청, 대전으로 이전
1933년	3월	강범진, 신의주지방법원에서 징역 2년 6개월 선고
1933년	5월 19일	'공주공립농업학교' 개교
1933년	10월 23일	금강철교 개통
1935년	3월	고보 제9회 졸업앨범에 '단군기원' 표기 사건
1935년	8월	정용산, 경성지방법원에서 징역 1년6개월 집행유예 3년 선고
1936년	3월	고보생 '명랑클럽' 비밀결사(14회 8명)
1937년		산성시장 개장. 홍수로 제민천이 범람함.
1938년	5월 2일	미나미 지로 총독 공주고보 방문
1938년	4월 1일	'공주공립중학교'(5년제)로 명칭 변경
1938년	10월	고보 5학년생 야외군사훈련 후 혈판사건
1941년	4월	장기국민학교 교사 유제경 체포

1941년	9월 30일	사립 영명실수학교 강제 폐교
1942년	4월	'명랑클럽' 적발 7명 체포(구자훈 · 김용갑 · 김해인 · 천영관 · 최낙권 · 김한석 · 이용준)
1943년	4월	전시 동원을 위해 5년제를 4년제로 단축
1944년	6월	고보 복도 게시판의 일황태자 사진 모독사건
1945년	10월 1일	고보 제8대 한상봉 교장 취임(첫 한국인 교장)
1946년	9월 1일	'공주중학교'(6년제)로 개편

부록 2

공주고보 출신 독립운동 국가유공자

1.강범진(1907-1981) 제1회 졸업

공주군 신상면(유구읍) 유구리에서 태어났다. 충주 강씨. 1927년 공주고보 1회 졸업 후 곧장 만주방면에서 무장독립투쟁을 하였다. 1933년 하얼빈에서 체포, 신의주지방법원에서 치안유지법 위반으로 3년 6개월 형을 받았다. 1977년 대통령표창을 받았고 1990년 건국훈장 애족장이 추서되었다. 국립대전현충원 독립유공자 1묘역(56호)에 안장되었다.

2.이철하(1909-1936) 제3회(1927년 퇴학)

공주군 주외면 신기리에서 태어났다. 전주 이씨. 1927년 6월 공주고보 4학년 때 일인 교장에게 민족차별 교육을 시정하라는 반성문을 제출해 퇴학당하였다. 서울 중동고보에 편입하여 조선학생과학연구회 활동중 체포, 1930년 4월 치안유지법 위반으로 경성지방법원에서 4년 징역형을 선고받았다. 1993년 건국훈장 애국장이 추서되었다. 국립대전현충원 독립유공자 1묘역(479호)에 안장되었다.

3.박명렬(1912-2003) 제6회(1930년 퇴학)

공주군 욱정(반죽동)에서 태어났다. 밀양 박씨. 공주고보 재학중 동맹휴학과 가두시위를 주도해 1930년 7월 퇴학 당했다. 1932년 반일 격문, 비밀결사 공친회 사건으로 체포, 경성복심법원에서 치안유지법 위반으로 징역 2년 집행유예 5년이 확정되기까지 1년간 수형생활을 하였다. 1993년 건국포장을 받았다. 국립대전현충원 독립유공자 3묘역(9호)에 안장되었다.

4.김순태(1916-1950) 제8회(1932년 퇴학)

공주군 반포면 공암리에서 출생했다. 공주고보 재학중이던 1932년 2월 반일 반제국주의 격문을 영명여학교와 공주고보에 연이어 살포하여 공주지방법원에서 보안법과 출판법 위반으로 징역 10월을 선고받았다. 2021년 건국포장이 추서되었다. 국립대전현충원 독립유공자 5묘역(505호)에 안장되었다.

5.유제경(1917-2012) 제9회 졸업

유관순의 5촌 조카이며 류경석·노마리아의 장남으로 계룡면 경천리에서 태어났다. 1935년 공주고보 제9회 졸업앨범에 단군기원과 무궁화 사진을 인쇄한 일로 경찰 조사를 받았고, 1941년 장기국민학교 교사로 재직중 학생들에게 불온한 사상을 주입했다는 혐의로 체포되어 치안유지법 위반으로 3년형을 받았다. 서대문형무소에서 복역 중 하이난섬 강제노역 현장에 끌려갔다가 귀환했다. 1983년 대통령표창, 1990년 건국훈장 애족장을 받았다. 국립대전현충원 독립유공자 4묘역(560호)에 안장되었다.

6.구자훈(1921-1987) 제14회 졸업

공주군 의당면 도신리에서 태어났다. 공주고보에 재학중 비밀결사 '명랑클럽' 활동이 드러나 1942년에 체포되어 치안유지법 위반으로 징역 1년을 선고받았다. 1983년 대통령표창을 받았고, 1990년 건국훈장 애족장이 추서되었다. 국립대전현충원 독립유공자 2묘역(508호)에 안장되었다.

7.김용갑(1920-1995) 제14회 졸업

충남 홍성에서 태어나 1935년 공주고보에 유학했다. 재학중 '명랑클럽' 활동으로 식민지 현실을 깨치고자 한 대가로 1942년 9월에 대전지방법원에서 치안유지법 위반으로 징역 1년형을 받고 수형생활을 하였다. 1986년 대통령표창, 1990년 건국훈장 애족장을 받았다. 국립대전현충원 독립유공자 2묘역(557호)에 안장되었다.

8.김한석(1920-1950) 제14회 졸업

경상북도 상주군에서 태어나 1935년 공주고보에 유학하였다. 1940년 3월 공주공립중학교 졸업 후 일본 도쿄의 니쇼가쿠샤 전문학교에 입학하였다. 1942년 8월, 공주공립중학교 시절 비밀결사 활동으로 도쿄에서 체포되어 치안유지법 위반으로 징역 1년형을 받았다. 1995년 건국훈장 애족장이 추서되었다.

9.김해인(1918-2006) 제14회 졸업

충남 대전군 가수원리에서 태어나 공주고보에 입학하였다. 14회 동기들과 항일 비밀결사 '명랑클럽' 활동한 것이 뒤늦게 적발되어 1942년 치안유지법 위반으로 징역 1년형을 선고받고 옥고를 치렀다. 1983년 대통령표창, 1990년에 건국훈장 애족장을 받았다. 국립대전현충원 독립유공자 3묘역(245호)에 안장되었다.

10.천영관(1919-1965) 제14회 졸업

충남 대전군 사람으로 1935년 공주고보에 입학했다. 1942년 3월경 남선전기주식회사 대전지사에 근무하던 중 반일적 언동으로 체포되어 조사중 공주고보 재학중 비밀결사 '명랑클럽' 활동이 적발되었다. 대전지방법원에서 치안유지법 위반으로 징역 1년형을 받았다. 1983년 대통령표창, 1990년 건국훈장 애족장이 추서되었다. 국립대전현충원 독립유공자 1묘역(506호)에 안장되었다.

11.최낙권(1923-1947) 제14회 졸업

충남 서천 사람으로 1935년 공주고보에 유학했다. 재학중 명랑클럽 활동으로 1942년 9월 대전지방법원에서 치안유지법 위반으로 징역 1년형을 받고 수형생활을 하였다. 1977년 대통령표창, 1990년 건국훈장 애족장이 추서되었다. 국립대전현충원 독립유공자 2묘역(1118호)에 안장되었다.

* 공주고보에 재학했거나 졸업한 기록이 있는 국가유공자 현황임

참고문헌

공주고등학교, 공주고등학교 60년사, 1982

공주고등학교, 공주고등학교 100년사, 2022

공주교도소, 1500년의 시간과 공간-공주교도소사, 2020

국립공주대학교 공주학연구원, 101개 공간으로 만나는 공주근대사-1926년 공주시가도 이야기, 2021

국립공주대학교 공주학연구원, 교육도시 공주-학교의 기억과 기록, 2020

국립공주대학교 공주학연구원, 엽서 속 공주를 바라보다, 2019

박경목, 박명렬의 포기하지 않은 독립의 꿈(공주문화 364호), 공주문화원, 2025

공주시, 공주시지 2021, 2021

공주시, 공주 근현대사 연표 및 주요 기사 색인, 공주대 참여문화연구소, 2012

공주시·김형목 김은지 이성우 박성섭 정을경, 공주독립운동사, 학고재, 2020

공주시·충청남도역사문화연구원, 근대도시 공주의 탄생, 메디치미디어, 2021

김광규, 학교는 늘었지만-조선총독부 교육정책의 실체, 동북아역사재단, 2024

김정섭, 인물로 본 공주 역사이야기(개정증보판), 메디치미디어, 2019

동북아역사재단, 일제 침탈 30장면, 2019

박경목, 식민지-감옥에 갇히다, 동북아역사재단, 2024
박찬승, 한국독립운동사-해방과 건국을 향한 투쟁, 2014
송충기, 토건이 낳은 '근대', 공주대 공주학연구원, 2017
윤용혁, 공주-역사문화 탐구, 서경문화사, 2024
이동해, 꽃 떨어진 동산에서 호미와 괭이를 들자, 휴머니스트, 2025
임경석, 독립운동 열전 2, 푸른역사, 2022
장길수, 근현대 공주-그 터의 내력, 공주문화원, 2022
전진희, 공주교대 역사와 교육도시 공주의 이미지 형성(박사학위 논문), 2022
조동길, 공주의 숨과 향, 한국문화사, 2015
지수걸, 한국의 근대와 공주사람들-한말·일제시기 공주의 근대도시 발달사, 공주문화원, 1999
한국여성독립운동연구소, 공주지역 중등학교 학생독립운동 조사연구, 2025

땀을 흘려라, 피를 흘려라, 눈물을 흘려라
공주고보 독립운동 이야기

초판 1쇄 발행 2026년 2월 14일

지은이 김정섭
펴낸이 김현종
기획총괄 배소라 **출판본부장** 안형태
편집 최세정 진용주 황정원 김수진 장진경
디자인 조주희 김연주 **마케팅** 김예리 신잉걸
방송사업·미래전략본부 정태준 문상철 이주리 백범선 남궁주철 김대준

펴낸곳 (주)메디치미디어
출판등록 2008년 8월 20일 제300-2008-76호
주소 서울특별시 중구 중림로7길 4
전화 02-735-3308 **팩스** 02-735-3309
이메일 medici@medicimedia.co.kr **홈페이지** medicimedia.co.kr
페이스북 medicimedia **인스타그램** medicimedia
유튜브 medici_media

ISBN 979-11-5706-530-1 (03910)